NO HAY NADA MALO EN TI

MARTA SEGRELLES

NO HAY NADA MALO EN TI

Haz las paces contigo y quiérete como te mereces

Papel certificado por el Forest Stewardship Council®

Primera edición: octubre de 2025

Travessera de Gràcia, 47-49. 08021 Barcelona
Imágenes de interior: iStock

Printed in Spain – Impreso en España

ISBN: 978-84-02-43060-1
Depósito legal: B-14.360-2025

Compuesto en Comptex & Ass., S. L.
Impreso en Rotoprint by Domingo, S. L.
Castellar del Vallès (Barcelona)

BG 3 0 6 0 1

Para ti, por si pensaste alguna vez
que algo en ti no era correcto, adecuado o suficiente.
Ojalá mis palabras te ayuden a ver que solo
era una herida, no una verdad;
que no hay nada malo en ti y nunca lo hubo.

ÍNDICE

NOTA SOBRE LA GRAMÁTICA Y LOS SUCESOS DESCRITOS EN EL LIBRO

Antes de que empieces a leer, quiero contarte algo importante: este libro está escrito desde mi propio camino, que sigue en construcción. No sé cuándo vas a iniciar la lectura, ni en qué momento de tu vida te va a encontrar. Pero sí sé que lo he escrito con el deseo profundo de que, de alguna manera, te acompañe.

En el texto empleo el femenino tanto en las interpelaciones a quien tiene el libro en sus manos como en la voz narrativa: la mayor parte de las personas que atiendo en consulta y que muestran interés por el contenido que creo son **mujeres**. Además, yo me identifico así y me nace hablar desde ahí. No obstante, esta obra es para cualquier persona que desee leerla, independientemente de su identidad y expresión de género o su forma de habitar el mundo.

Aunque en esta ocasión me centro mucho en cómo se forma la autoestima, en las heridas que pueden haberse abierto en la infancia y en esas partes internas que fuimos construyendo para sobrevivir, sé que cada historia es única. Tal vez no te sientas reflejada en todo lo que aquí cuento. Si eso te pasa, quiero que sepas que **tu vivencia también es válida**, aunque yo no hable de ella explícitamente.

He intentado recoger las formas más comunes que adoptamos para desconectar de nosotras mismas y los escenarios habituales en los que aprendimos a vernos desde miradas ajenas, pero asimismo sé que hay muchas maneras de vivir el dolor y de protegernos del mundo. Si en estas páginas no encuentras exactamente lo que te pasó, o cómo lo viviste, o lo que todavía hoy te duele, deseo que aun así algo te acompañe, que algo resuene en ti o que algún espacio te abra para comprenderte mejor.

Las historias que aparecen están inspiradas en muchas voces: personas que han pasado por consulta, mensajes que compartieron conmigo, relatos que han resonado en sesiones o que se han ido repitiendo con matices distintos. Todo ello ha sido modificado, combinado o adaptado para **proteger la identidad de quienes lo vivieron**.

No soy experta en todo lo que me gustaría. Hay muchos temas sobre los que todavía estoy aprendiendo —neurodivergencias, por ejemplo—. Especializarse en un campo, como el mío, también implica hablar desde ahí, desde lo que una ve y conoce más de cerca. Sin embargo, intento abrir el foco, mirar más allá, porque me importa que mi trabajo pueda favorecer ese lugar seguro en todos los aspectos, y si no lo encuentras aquí, o no del todo, de verdad deseo que sigas buscándolo hasta que lo consigas.

Puede que en algún momento, mientras leas, algo te duela o te incomode. Eso es normal. A veces el pasado se remueve cuando lo miramos con cuidado. Si sientes que no puedes con ello ahora, no pasa nada. Puedes parar. Puedes pedir ayuda. Este no es un libro que tenga que leerse del tirón, ni siquiera entero.

No hay una forma correcta de recorrerlo. Este libro puede acompañarte, sí, pero no reemplaza el sostén profundo que implica un proceso **terapéutico personalizado**.

No encontrarás aquí la respuesta perfecta, ni una guía paso a paso sobre cómo deberías sentirte o actuar. Porque cada historia es única, y cada proceso también. Lo que sí espero es que encuentres alguna respuesta que te dé sentido, que te permita estar un poco más en paz con lo que viviste y con quien eres hoy.

Tómate el tiempo que necesites. Vuelve cuando quieras. Este libro ya es tuyo.

INTRODUCCIÓN

Cuando vives desde tus heridas, solo existe una explicación posible: **el problema está en ti**.

Creer que todo lo malo que te ocurre y que todos los obstáculos a los que te enfrentas están ahí por tu culpa es tratar de avanzar por un camino de un único sentido y sin desvíos; es andar con una losa que te hunde al tiempo que albergas una falsa esperanza que puede generarte un gran malestar: si todo lo que ocurre tiene que ver contigo, con que hay algo malo en ti, significa que depende de ti mejorar y resolverlo; que si quieres puedes.

Si el problema está en ti, es más fácil encontrar una solución. Pero la realidad no es tan sencilla.

Durante mucho tiempo, yo misma viví sumida en esa creencia, y lo peor era que no sabía que el camino hacia mi bienestar se abría delante de mí, hacia el presente y el futuro más cercano. Pensaba que, para no padecer el malestar que me desbordaba —esa ansiedad, esa sensación de no ser suficiente a pesar de esforzarme constantemente—, simplemente tenía que dejar de darles tantas vueltas a las cosas y enfocarme y trabajar en ser «mi mejor versión». **Debía lograr ser por fin la persona que en mi cabeza creía que tenía que ser en vez de reconocer quién era en realidad.** Esa aspiración, esa búsqueda de mi mejor versión, en lugar de ayudarme a sentirme cada vez mejor conmigo misma y a gestionar el malestar, solo conseguía que mi herida y mi dolor aumentasen.

Me visualizo hace unos años, sentada en la cama al final de un día agotador, repasando mentalmente los errores cometidos. Me daba cuenta de que había pasado la jornada entera sin apenas un momento para parar y respirar, llenando mi calendario de planes, de obligaciones, de tareas pendientes en agendas bonitas con mensajes inspiracionales, siguiendo una especie de lista de normas autoimpuestas para hacerlo bien y sintiendo ansiedad con frecuencia; entre otras cosas, por ese ritmo frenético e insostenible que poco tenía que ver con quién era yo en realidad. <u>En ese momento, para mí era preferible sentir esa incomodidad al repasar el día que pararme a escuchar mi interior y llegar a la misma conclusión de siempre: había algo malo en mí.</u>

No toleraba no poder dar el cien por cien de mí cada día, no aceptaba tener necesidades distintas cada día, ni que fueran diferentes a las de otras personas (con las que casi sin darme cuenta me comparaba). Me parecía un fracaso no poder centrarme en hacer todo lo que creía necesario para estar tranquila, y esa frustración me llevaba, quizá, a la misma conclusión a la que has llegado tú si estás leyendo este libro: **no haces suficiente, no eres suficiente**.

Durante las sesiones de terapia con algunas personas que se sienten desbordadas por esta sensación, anotamos todas aquellas cosas pendientes que «tienen que hacer» en el día para que, al irse a dormir, puedan sentirse satisfechas: «Levantarme pronto, desayunar algo nutritivo, cuidarme la piel y hacer la rutina de belleza, hacer ejercicio, meditar, escribir, preparar la agenda de la jornada, dejar la casa limpia y ordenada, regar las plantas, hacer los cursos que compré y terminan este mes, ponerme al día con las lecturas pendientes, quedar o llamar a alguna amiga, aprender a decir que no, saber comunicarme sin estallar, trabajar sin sentirme insegura en los proyectos nuevos…».

No exagero cuando digo que a veces una enumeración como la anterior solo es el comienzo de una lista interminable. No sé si te habrá ocurrido como a mí al leerlo, pero durante esas sesiones soy capaz de sentir el agobio de la otra persona; ese peso de tener que llegar a todo que te oprime el pecho.

Está claro que muchas de estas tareas tendremos que hacerlas nos guste o no: la diferencia es que para algunas personas no marcar el *check* significa fallar e irse a dormir con **una sensación de decepción por no haber cumplido las expectativas**.

Es probable que este mensaje resuene como un eco en tu interior, como cuando experimentas más cansancio que el día anterior pese a sentir que has hecho menos; o cuando tu opinión no coincide con la de los compañeros de trabajo o de clase y crees que tu forma de pensar no es correcta; o cuando no disfrutas de la misma música que les gusta a tus hermanos y tus padres y crees que tus gustos no son tan válidos, que eres un poco rara; o cuando una amiga te dice que al final no puede quedar contigo esta tarde y sientes que si hubiera quedado con otra persona seguro que habría hecho el esfuerzo… Y lo peor es que crees que tiene que ver contigo y que la única explicación para todo el malestar que experimentas es que **hay algo en ti que no funciona como debería, que algo anda mal contigo, con tu forma de ser y de hacer**.

Quizá también te pasa cuando estás a solas contigo misma, cuando algo no te sale a la primera y sientes que fallas al equivocarte; cuando no has podido ocultar que un comentario te ha dolido y se te han puesto los ojos vidriosos; cuando te sientes incómoda pero no sabes cómo frenar esa situación que se repite con frecuencia; cuando quieres seguir la misma rutina de gimnasio que ayer pero hoy el cuerpo te pide no entrenar...

He escuchado muchas historias en terapia que me recuerdan a la mía. Y, aunque no hay dos iguales, en cierta forma nos ayuda y alivia saber que no somos las únicas que experimentamos esto. Sentirnos raras y diferentes a todas las demás personas nos hace pensar que estamos solas, pero lo cierto es que muchas de estas historias que cargamos con vergüenza y culpa podrían aligerarse al ser compartidas en lugares seguros, donde nos permitimos escucharnos y ser escuchadas.

Por eso, con este libro quiero que esta vez no atravieses el camino sola y en silencio.

Durante mucho tiempo estuve en lucha con quien era, sin que nadie, ni siquiera mis seres más queridos, fueran conscientes del rechazo que sentía hacia mí misma. Me esforzaba mucho y disimulaba aún mejor (me daban todos los títulos de persona feliz: «Miss Happy» en mis grupos de amigos y en los concursos de la universidad). Nunca imaginé que la solución tenía más que ver con mostrarme tal como era que con ocultarme o fingir ser esa versión idealizada de mí misma que veneraba.

Si hubiera escuchado esto hace quince años, no me habría gustado nada. Ya me veo arqueando la ceja y poniendo cara de circunstancias cuando alguien me hubiera sugerido que no había nada malo en mí y que todo lo que necesitaba estaba en mi interior... Habría pensado que era un conformista o que decía eso porque se sentía a gusto (demasiado, quizá) consigo mismo, pero que ese no era mi caso, así que yo no me podía dar por vencida. **Debía seguir intentándolo. Ser mejor, hacerlo mejor.**

Me entristece pensar en esa Marta que soplaba las velas de su cumpleaños deseando ser distinta. En realidad, sin darme cuenta, me hice el camino más difícil, pero la experiencia es un grado, y mi yo del pasado lo hizo lo mejor que supo. No le echo la culpa a esa Marta: todo lo que nos ocurre tiene mucho que ver con los mensajes que escuchamos en casa y que refuerzan nuestros amigos, nuestras parejas, la sociedad... **¿Cómo va a reconocer alguien como algo bueno ser una más cuando puedes ser la mejor?**

No me gustaría que creyeras que lo que te ocurre hoy es culpa tuya. Si alguien te da un golpe, no puedes responsabilizarte cuando en tu cuerpo aparezca un moratón. Más allá de las experiencias personales, la sociedad y el mundo en el que vivimos están mucho más orientados a hacernos sentir insuficientes que a acompañar nuestra propia aceptación.

Sin embargo, inconscientemente, has construido esa idea desde pequeña, cuando, cada vez que enseñabas un dibujo o una buena nota, te felicitaban, te sonreían y te abrazaban... Aprendemos a querernos cuando sentimos que los demás nos quieren, y entendemos que eso sucede cuando hacemos las cosas «bien» la mayoría de las veces o cuando cumplimos con lo que los demás esperan de nosotras. El ser humano es un animal de costumbres y, cuando una experiencia se repite un par de veces, interiorizas el mensaje de manera automática, sin pensar: esa es la forma correcta de mostrarte al mundo para recibir amor y sentirte en conexión.

No obstante, cuando en la conexión que se establece, en esa relación, sientes que no estás siendo tú del todo, cuando no está basada en tu autenticidad y hay partes de ti que dejas fuera de la ecuación para que «funcione», aparece la soledad y la sensación de que nunca eres suficiente (aunque, justamente, eso era lo que tratabas de evitar): es como si el tarro de esa estima esperada nunca se llenara, siempre permaneciera a medias.

Y es normal sentirse así. Aunque en cierta manera sientes que estás haciendo algunas renuncias en la relación, es preferible eso que arriesgarte a ser tú y que no les guste cómo eres en realidad y vuelvas a sentir ese rechazo que alguna vez has experimentado.

Cuando crees que hay algo malo en la persona que eres, de forma inconsciente construyes un personaje ficticio, o varios, que te ayuda a conseguir lo que deseas o, al menos, a estar más cerca de eso que tanto anhelas, sobre todo si se trata de la conexión y el cariño que recibes de los demás. Es como si interpretases un personaje en una serie durante un tiempo y, luego, como dicen algunos actores tras distintas temporadas, este se fusionara contigo y no supieras quién es quién…

Esto me recuerda a una serie de bomberos que vi en Disney+, *Estación 19*. La protagonista femenina, Maya, una joven de unos veintiocho años, se caracteriza por ser una persona rígida, exigente y disciplinada. Para su trabajo, le viene muy bien ser una buscadora incansable de la perfección, sobre todo porque gracias a eso no deja a ninguna persona atrapada en una casa en llamas. Sin embargo, llega un momento en que esa parte perfeccionista le empieza a generar tremendas dificultades en sus relaciones laborales y personales.

En el trabajo tiene la posibilidad de ascender y, dado que quiere demostrar sus capacidades para el puesto, adopta una postura inflexible en lo que se refiere a terminar las tareas, se enfada mucho cuando sus compañeros no siguen sus indicaciones, adopta un rol autoritario respecto a ellos, se vuelve irritable, trata de dejar mal a los demás para que le den a ella el ascenso, dedica mucho tiempo al trabajo, corre todo el tiempo en la cinta para estar en forma, se olvida de comer…, hasta que termina en el hospital.

Además, su relación de pareja también se resiente, y su compañera sentimental le comenta que se ha dado cuenta de que la situación está afectándole mucho y la anima a pedir ayuda, pero Maya niega el problema. **En su cabeza, reconocerlo la apartará del éxito**, por lo que continúa con evasivas para así seguir con su dinámica de autoexigencia constante, sin darse cuenta de que acabará por reflejarse en sus vínculos.

En una sesión de psicoterapia, Maya y su terapeuta se centran en su baja tolerancia al error, la frustración y su búsqueda incesante de la perfección. Su psicóloga le pide que elabore una línea temporal de los momentos en los que estos últimos dos aspectos han marcado puntos de inflexión en su vida. Así, Maya recuerda una escena de su infancia en la que cree que se originó ese personaje, esa parte perfeccionista que ahora le impide estar presente como le gustaría en sus relaciones. En ella, su padre se muestra feliz, cariñoso y emocionado como nunca al ver ganar a la prima de Maya en una carrera, con una expresión de felicidad que hasta la fecha la protagonista nunca le había visto.

De manera inconsciente, y a la vez muy inteligente, Maya supo reconocer, siendo solo una niña, qué tenía que hacer para recibir el amor que anhelaba de su padre y minimizar sus exigencias. Sin embargo, a la vez que escogió (evidentemente) recibirlo, renunció a ser ella misma. Esto le impidió aceptar que era igual de válida cuando perdía y que también merecía amor en los momentos en que fallaba.

¿Te imaginas que solo nos quisieran por las cosas que hacemos bien? Qué locura, ¿verdad?

Aun así, estarás de acuerdo conmigo en que no hace falta fantasear demasiado: si tienes este libro en las manos, es porque seguramente tanto tú como yo nos hemos sentido así en más de una ocasión.

Así pues, lo que en el caso de Maya empezó como una medida para evitar la excesiva exigencia por parte de su padre y aliviar la tensión de fallar terminó por generar esa misma sensación de presión desmedida, tanto en ella como en el resto de las personas que la rodeaban. Cuando tan solo era una niña, Maya desarrolló una parte exigente que la ayudó a sobrevivir, la cual, sin embargo, en el presente la asfixia. Creía que ese nudo en el pecho desaparecería cuando no cometiera errores, algo imposible de alcanzar y que la mantiene atrapada en un ciclo sin fin en el que se siente insuficiente.

Como humanas, estamos destinadas a fallar,
a equivocarnos, a probar de nuevo, a explorar
y a tener que aprender una y otra vez.
Y qué bonito que sea así.

No obstante, algo en nuestro interior nos lleva a rechazar esta realidad, ya que aceptarlo convierte cada día en una incertidumbre, en algo que no podemos controlar y en una oportunidad de que aparezca el malestar.

En mi caso, mientras lidiaba con mi malestar, y en consecuencia exploraba en terapia mi pasado para intentar averiguar su origen, solo veía heridas y dolor. Y, aunque estos no han dejado de existir, después de realizar mi propio proceso de terapia y ordenar las experiencias que viví para darles un sentido, ahora ese malestar ocupa la parte que le corresponde. Así, si llego a alguna conclusión como a la que llegaba Maya cada vez que algo no le salía bien, ahora cuento con herramientas que me permiten ampliar mi visión y **recordarme que soy válida y digna de amor también cuando fallo**. **Sobre todo entonces.**

Hace un tiempo no te habría confesado lo mucho que me gusta levantarme sin prisas y en silencio por miedo a que pensaras que soy un poco holgazana, o que me gusta desayunar a solas en una terraza bañada por el solecito de invierno por miedo a que pensaras que soy una persona aburrida, o que me chiflan las historias románticas, sean libros o películas, por miedo a que pensaras que soy «demasiado» sentimental... **Hay partes de mí que todavía hacen que sienta vergüenza o que me cuesta más aceptar** pese a los avances que hecho, pero reconozco que, hoy en día, **el amor que siento por la persona que soy es mucho más grande que el rechazo**.

Sin embargo, la vergüenza de la que te hablo no es una experiencia emocional individual, sino una **experiencia relacional**. Esa sensación interna de no ser suficientes que nos acompaña en cada paso que damos, de sentirnos «defectuosas» y de creer que no está bien ser como somos, tiene su origen en la seguridad de nuestros vínculos, algo de lo que te hablaré en detalle más adelante.

Cultivar nuestra autoestima es una gran herramienta con la que podemos lograr mirarnos con amor y sentir seguridad al enfrentarnos a muchos de los retos que se nos presentan para construir una vida alineada con quien somos en realidad. Y la estima que te tienes a ti misma depende de la forma en que te han querido.

Como Maya, como yo y como muchas otras personas que están leyendo este libro, es probable que hayas aprendido a quererte a través de la validación, los juicios y las expectativas ajenas. Esto, aunque necesario en determinados momentos de la vida, puede convertirse en un arma de doble filo y llevarnos a desconectar de nuestra esencia y a caer en un círculo de dependencia que, poco a poco, mina la opinión que tenemos sobre nosotras mismas y nuestra valía. Por eso quiero acompañarte en este camino, para que tu amor propio sea una vivencia interna de aceptación y autenticidad y no una lucha contra tu identidad.

En estas páginas aprenderás a mirar cada vez más hacia dentro, hacia ti.

Cuando escuchamos la palabra «autoestima», tendemos a simplificar la tarea de aprender a querernos, pues creemos que, para aceptarnos, tenemos que parecernos más a esa otra que en nuestra cabeza consideramos perfecta o a esa persona que admiramos por el motivo que sea; en definitiva, pensamos que nos querremos más cuanto menos seamos nosotras mismas. Y, aunque quizá al leerlo te parezca demasiado o mis palabras te remuevan, lo sientes así porque en algún momento de tu vida ser tú misma fue peligroso para tus relaciones; tal vez ser auténtica comportaba rechazo, crítica, falta de cariño... Como una niña que renuncia a su propio criterio y obedece a lo que le dicen sus papás para que estén contentos u otra que oculta sus intereses reales porque su mamá está muy orgullosa de que siga sus pasos y sea bailarina mientras renuncia a su deseo de pintar, u otra que evita hablar y reprime su voz para que no la riñan por interrumpir a los mayores...

Esas niñas, entre las que estamos tú y yo, encontraron una manera de no sentir el vacío al que se precipitaban si se sentían desconectadas de las figuras de referencia que les mostraban el mundo, pero lo que hicieron tampoco les ofreció una conexión real, sino una seguridad relativa.

Cuando esas niñas crecieron, continuaron haciendo lo que habían aprendido para ser queridas, sin saber que, en realidad, esa forma de actuar las alejaba de las personas de las que quieren estar cerca.

Cuando esas niñas se convirtieron en adolescentes y no entendían por qué no les gustaban las mismas cosas que a sus amigas, pensaron que había algo malo en ellas.

Cuando esas adolescentes crecieron, se hicieron las fuertes cuando alguien les gustaba porque no querían parecer desesperadas ni mostrar que necesitaban que alguien las quisiera, acostumbradas a sentir que no les importaban a los demás.

Cuando esas chicas se convirtieron en mujeres, se encontraron perdidas: no sentían lo que creían que deberían sentir; en su cabeza tenían un ABC de cómo debían ser las cosas y, cuando la realidad no coincidía con ese guion, lo primero que pensaban era que la culpa era suya.

Sé que quizá en este punto todavía estás lejos de ser capaz de aceptar todas esas versiones de ti que tuvieron que aprender de manera autónoma; es lo más normal del mundo. Como te decía antes, yo era la primera que arqueaba una ceja con escepticismo cuando alguien me compartía esta idea de la aceptación radical, de asumir todo lo que soy sin juzgarme. Pero, para llegar ahí, hay que recorrer todo un camino; para sentir el alivio y la esperanza que mereces, para liberarte de esa mochila tan pesada llena de resentimiento y lucha, primero debes desaprender y aprender otra manera de relacionarte contigo misma, una mucho más compasiva y duradera que el rechazo a quien realmente eres.

Y el primer paso del camino es este:
saber que no hay nada malo en ti,
y que nunca lo hubo.

Espero que en estas páginas encuentres lo que necesitas y sientas que, mientras vivas, hay esperanza, y que puedes convivir contigo misma de otra forma, una mucho más amable y sana para ti.

Adelante, dame la mano: estamos juntas en esto.

1

TODAS LAS VERSIONES DE TI QUE LLEVAS DENTRO: SOBRE TU PERSONALIDAD Y SUS PARTES

I want to be me, is that not allowed? (Quiero ser yo misma, ¿acaso no está permitido?).

LOLA YOUNG, «Messy»

¿Yo, desordenada? Tú no me conoces

Antes de iniciar mi proceso de terapia, me consideraba una buena persona, siempre dispuesta a ayudar a los demás, me llevaba bien con todo el mundo, trataba que cualquier ruptura terminara «bien», evitaba conflictos con el fin de mantener la armonía en mis relaciones personales, me veía como alguien muy responsable y con la cabeza amueblada y ordenada... Aunque es cierto que aquello era verdad entonces, y en parte sigo siendo así, al haber echado la vista atrás para recorrer de nuevo mi pasado y observar mi mundo interno con una mirada diferente a la que siempre había tenido, he descubierto que en realidad esa **no era mi esencia**. Esta descripción **no reflejaba**

quién era yo, sino solo algunas partes de mi personalidad que conforman quién soy.

Con el tiempo, y gracias a las sesiones con mi psicóloga, me he dado cuenta de que, para mi sorpresa, y seguramente para la de las personas que me conocen pero no conviven conmigo, el orden no es algo que precisamente me defina. Esta confesión, pues, traiciona el discurso de la persona ordenada que creía que era. Lo descubrí durante la larga convivencia con quien ahora es mi marido. Aunque había compartido piso con amigas cuando me fui de Erasmus a Portugal, donde me había esforzado bastante por encajar con mis compañeras y por ser ordenada y respetuosa con el espacio compartido, **con él mi verdadera yo y todas las partes de mi personalidad**, también aquellas que desconocía y que no me entusiasmaban, **empezaron a aflorar**. Pese a ser psicóloga, no creas que me tomé muy bien la primera vez que me dijo: «Esto déjamelo a mí, que tú eres un poco desordenada». En ese momento, ofendida, pensé: «Este no me conoce», aunque, en realidad, la que no me conocía era yo.

Entre tú y yo, años después me he descubierto amontonando la ropa y cerrando de golpe la puerta del armario para quitar rápidamente cosas de mi vista; incluso a veces las he guardado con tan poca conciencia de lo que hacía que me ha costado horas o días encontrarlas, si no las he dado por perdidas... Nada que ver con la persona que yo creía que era o que yo había imaginado que era.

A la vez que te cuento esto, mi cabeza podría llevarme a pensar que, si no soy una persona ordenada, entonces quiere decir que soy un desastre... **Y esa es la cuestión: el pensamiento dicotómico con el que estamos acostumbradas**

a ver y clasificar el mundo nos puede hacer mucho mucho daño. Blanco o negro. Todo o nada. Bien o mal.

La vida está hecha de grises y matices, sobre todo cuando se trata de nosotras mismas.

Hoy sé que, aunque no soy la persona más ordenada del mundo, tampoco soy un caos andante, y esto se debe a que, dentro de mí, hay una parte perfeccionista a la que le gusta cierto orden (al menos en las zonas visibles de casa) y a la que le da paz tener las tareas hechas y marcadas en su *checklist*. Al mismo tiempo, en el proceso de conocerme, también he aprendido que esto es lo que les sienta mejor a todas mis versiones... Eso sí, lo del armario y los cajones, bueno, pues ahí vamos. Al fin y al cabo, este es un libro para aprender a aceptarnos tal como somos, ¿verdad?

Algo parecido me ocurrió con esa faceta mía que busca ayudar a los demás. Como psicóloga, este aspecto de mi personalidad está muy presente en mi tiempo de trabajo, pero también es algo que, desde siempre, ha aparecido en mi ocio y en lo personal. Siempre se me ha dado mejor escuchar que hablar. Para mi niña interior —esa parte de nuestro yo vulnerable y sensible que ha vivido tanto las experiencias más agradables como las más dolorosas de la infancia—, hablar implicaba tener que mostrarme vulnerable, y estaba más cómoda en el otro lado, también porque, cuando escuchas, estás más protegida de los juicios, de las exigencias y del rechazo... Por ello, era más fácil atender lo que les ocurría a los demás; de esta manera, al tiempo que ayudaba, me protegía. El problema fue que di tanto espacio al resto que me quedé sin nada para mí.

Fue en terapia cuando me di cuenta de que algunos de esos aspectos de mi personalidad eran en realidad **respuestas traumáticas**, un reflejo de mi adaptación y de mi necesidad de supervivencia a las experiencias dolorosas que había vivido, y que, aunque toda yo no era así, había aprendido a serlo en gran parte.

El camino para aprender a abrazarnos y darnos lo que nos merecemos, como ves, empieza por conocernos de verdad.

Aunque quizá pienses que para ti es fácil describirte, es muy probable que algunas de las cualidades que te atribuyes no hablen realmente de ti, sino de las cosas que has vivido en tu pasado y de otras que quieres ser que entran en conflicto con tu esencia y pueden generarte malestar.

EJERCICIO

Antes de seguir leyendo, vamos a hacer un ejercicio juntas. Para ello, busca un lugar tranquilo, alejado de distracciones y ruidos, y piensa que eres una de tus amigas y quieres presentarte a alguien a quien acabas de conocer. ¿Cómo lo harías? ¿Qué términos emplearías?

Escribe a continuación una breve «carta de presentación» (si te resulta más sencillo, puedes hacerlo en tercera persona) que recoja tanto las partes de tu personalidad que te gustan como las que no te gustan tanto. Tómate el tiempo que necesites para hacerlo.

Para que sea más interesante, te propongo que busques definirte más allá de tu edad, tu lugar de residencia y tu profesión.

....

....

....

....

Después, **presta atención a los tres primeros adjetivos** que has utilizado para describirte. ¿Es algo que piensas realmente sobre ti o son las palabras que otras personas emplean para hablar de ti?

- «Siempre has sido muy ordenada, ponías todos los juguetes en su cajita sin tener que repetírtelo dos veces».
- «En comparación con tu hermana, siempre has sido muy buena y estudiosa, no me has dado tantos dolores de cabeza como ella».
- «Desde pequeña has tenido tanto carácter que nunca he tenido que preocuparme por ti, sabías defenderte».

Muchas veces, a través de este tipo de mensajes directos o indirectos que nos han repetido durante la infancia y la adolescencia, hemos interiorizado cómo tenemos que ser y cómo no tenemos que ser para ser aceptadas.

La familia que vive en ti: el modelo IFS

A lo largo de mis años de terapia personal, así como de estudio y formación como psicóloga especializada en apego y trauma, he descubierto muchos enfoques de trabajo que he ido integrando en mis sesiones. Estos modelos me han ayudado a dar sentido y comprender la complejidad de este proceso de conocerse, aceptarse y quererse; un proceso más complejo de lo que en un inicio aprendí, y que en más de una ocasión me llevaba a pensar que si no lograba «avanzar» tanto como quería era mi culpa.

Sin embargo, no estaba del todo satisfecha. Aunque esos enfoques arrojaban luz y proporcionaban herramientas útiles para hacer las paces con nosotras mismas, algo dentro de mí seguía buscando. Supongo que esta búsqueda incesante nacía de mi curiosidad innata y de esa parte de mí que siempre quiere hacer las cosas mejor, pero tenía la sensación, y también la esperanza, de que **aún no había encontrado la guinda del pastel**. Fue en el año 2021, durante mi afán por intentar formarme para acompañar de la mejor manera posible a las personas que acuden a mí, cuando descubrí **el modelo terapéutico de los sistemas de la familia interna**, o IFS (*internal family systems,* por sus siglas en inglés), a través de un manual. Al leer sobre él, algo en mí dijo: «Aquí es, aquí me quedo».

Poco antes de escribir estas líneas, en noviembre de 2024, realicé el primer nivel de formación en IFS para especializarme todavía más, y conocí de primera mano y de forma detallada el origen del modelo. El IFS, desarrollado por el terapeuta y académico estadounidense Richard Schwartz, es un modelo de psicoterapia con evidencia científica basado en la idea de que

dentro de nosotros conviven múltiples partes, muchas de las cuales surgieron en la infancia para protegernos, pero que, con el tiempo, **pueden volverse extremas, rígidas o dañinas.**

Al escucharlas y entenderlas en vez de rechazarlas, podemos recuperar nuestra identidad y sanar.

Lo diferencial de este enfoque plural es que se trata de un **modelo no patologizante** (es decir, un modelo que trata las dificultades psicológicas sin etiquetarlas como trastornos, más centrado en la comprensión que en la «enfermedad») que considera la mente como un sistema compuesto por diferentes «partes» internas que interactúan entre ellas y, externamente, con las personas que nos rodean dentro de un funcionamiento sano. Además, nos ayuda a entender quiénes somos al prestar atención a todas las relaciones que cultivamos y el contexto en el que nos desenvolvemos.

En su trabajo con adolescentes con traumas graves y trastornos de alimentación, Schwartz, un ferviente defensor de que no era necesario trabajar los conflictos internos porque el cambio de las relaciones externas lograría los objetivos individuales, se entrevistó con ellos para explorar qué ocurría en su interior en torno a sus atracones y purgas. En esas sesiones, los adolescentes le hablaron de sus partes como si fueran personalidades internas separadas y autónomas que en determinados momentos podían forzarlos a hacer cosas que no querían.

Aquello le cambió la perspectiva. En lugar de intentar controlar esas partes, empezó a preguntarles con curiosidad por qué hacían lo que hacían y descubrió que estas tenían funciones muy específicas: por ejemplo, la autolesión no era solo un acto destructivo, sino el intento de una chica por recuperar la sensación de estar en su cuerpo tras haber vivido abusos.

Schwartz entendió que esa parte más extrema, por ejemplo, vivía como si el abuso todavía estuviera ocurriendo, como si la joven estuviera congelada en el tiempo, en su infancia, y se hubiera quedado anclada en el pasado, y en el presente usaba las mismas estrategias que había desarrollado en aquel entonces, cuando no tenía recursos suficientes para escapar de la situación. Con el tiempo, al dejar espacio para expresarse sin interrupciones a las partes heridas, la verdadera esencia de la persona, el *self*, emergía para sanar.

Estas partes que conforman nuestro yo se vuelven «extremas» y nos pueden generar malestar cuando se han quedado «atascadas» en el pasado, en las heridas que recibimos (muchas de las cuales todavía cargamos) y en la reacción, a modo de respuesta traumática, que en ese momento nos protegió y nos permitió continuar, priorizando nuestra integridad. Pero, al igual que tu historia cambia, también lo hacen tus partes, y es importante que estas sepan que ahora tú puedes cuidar de ti, aunque algunas sigan ancladas en sucesos dolorosos de los que quizá no seas del todo consciente.

El problema principal aparece cuando esa respuesta sigue dándose en la vida adulta pese a no necesitarla. Cuando esto ocurre, debemos mirar hacia dentro, revisar nuestra historia y sanar las heridas que todavía nos duelen y que nos alejan de darnos ese abrazo que tanto merecemos.

Así, a grandes rasgos, este enfoque establece que dentro de cada persona hay diferentes **partes que cumplen roles específicos**:

- Las **partes protectoras** llamadas **directivas** o **mánagers**: son partes centradas en tareas sociales (complacientes, cuidadoras, críticas...) y de rendimiento académico o laboral (exigentes, perfeccionistas, trabajadoras...). Siempre **actúan de forma preventiva para mantenernos seguras, por lo que intentan controlar a las personas, los eventos y a otras partes de nosotras mismas**. Lo que suelen hacer es supervisar, analizar, criticar, juzgar, cuidar, ser pesimistas, planificar..., todo para proteger cualquier cosa que lleve a la vulnerabilidad, al dolor o a la inestabilidad.

  Así, esta parte puede hacer que evites hablar en público para no revivir la vergüenza, o que te vuelvas muy perfeccionista para minimizar cualquier posibilidad de error. Lo que busca, en definitiva, es protegerte de volver a sentir aquello que te hirió.
- Las **partes protectoras** llamadas **bomberos o apagafuegos**: a diferencia de los mánagers, estos protectores **responden de manera reactiva, tratando de apagar el dolor cuando las heridas se «abren»**, es decir, cuando sucede algo en el presente que actúa como detonante y nos recuerda el evento traumático o la sensación de peligro, aunque ahora no se dé. Sus comportamientos son de carácter impulsivo, como beber, comprar, comer, abusar de sustancias o evadirse con la distracción o la disociación. Estas partes entran en acción y actúan de forma automática e intensa para reprimir y liberar la presión cuando el

dolor de otras partes, más heridas, se activa o amenaza con abrumarnos.

Así, por ejemplo, cuando la situación se intensifica y la parte perfeccionista no ha podido evitar el recuerdo junto con la sensación del rechazo, tu parte protectora trata de distraer o apagar el dolor. Esto podría hacerlo volviéndose agresiva con los demás para protegerse, aislándose aún más o autolesionándose para liberar la angustia interna.

- **Partes exiliadas**: son las partes vulnerables, aquellas que cargan con las heridas emocionales y los traumas, y a menudo las otras partes las esconden para evitar el dolor. Estas partes han sido rechazadas o traumatizadas y sufren las heridas y recuerdos, cargados de miedo, vergüenza y soledad. Suelen ser partes jóvenes e infantiles, a menudo congeladas en el tiempo, por lo que es común que puedan mostrar rasgos de sensibilidad, ira, dependencia, inocencia, espontaneidad y apertura.

  Por ejemplo, la niña de ocho años de la que se burlaron en clase por expresarse mal a la hora de contestar y cuyo profesor humilló con una broma que provocó las risas de sus compañeros se sintió avergonzada y rechazada, así que la parte exiliada carga con el dolor, la vergüenza y la inseguridad que sintió entonces.
- Y luego está el ***self*, la esencia central y auténtica de la persona**, liberada del resto de las partes que conforman tu yo. Cuando está separado de ellas, actúa como **un líder sabio y compasivo, capaz de curar y dirigir el sistema que conforman todas las partes** en su conjunto.

  El *self* se caracteriza por ocho cualidades inherentes que

describen su energía y existen en todas nosotras, aunque todavía no lo sepamos: curiosidad, calma, compasión, claridad, coraje, creatividad, confianza y conexión o conectividad.

En este caso, el *self* o la *selfa* (como la han renombrado algunas personas en terapia) es el que reconoce el dolor de la experiencia de vergüenza, rechazo y humillación que sintió la niña sin internalizarlo como algo que determine su valor y sin dejarse definir por esa situación. **Nos ayudará a entender que cometer errores forma parte del aprendizaje y a expresar la incomodidad en el trato.**

Tranquila si ahora te sientes perdida, es normal; yo misma experimenté cierta sensación de duelo con esto que te acabo de compartir.

¿Quién era yo en realidad? ¿Sería hoy como soy sin esos eventos en mi mochila? ¿Significaba todo lo que acababa de aprender que no sabía quién era realmente? Y, si no sabía quién era de verdad, ¿me conocían los demás de verdad? ¿Había estado viviendo una vida que no me correspondía realmente? Todas estas dudas me cruzaban por la cabeza. Si es también tu caso, antes de continuar leyendo quiero avanzarte que este enfoque práctico no destruye quién eres ahora, sino que busca ayudarte a ampliar la visión de la persona que eres, con todas esas partes que viven en ti, para que puedas abrazarlas a todas y cada una de ellas y entender que no hay nada malo en ti.

A lo largo de estas páginas me gustaría invitarte a que desarrollaras una mirada más clara y compasiva que te permita ver aquellos «espacios vacíos» de tu personalidad: esos aspectos que te sorprenden y esos momentos en los que no terminas de entender el porqué de tus reacciones y pensamientos y la forma que tienes de acompañarte, y que **entiendas por qué, aunque te esfuerzas por conseguirlo, te cuesta tanto quererte como mereces**.

Para el IFS, la intención de estas partes no es negativa; su objetivo es bueno, simplemente se han visto forzadas a desempeñar papeles que no les correspondían debido a traumas y heridas de apego. A medida que crecemos y nos desarrollamos, nuestras partes forman un complejo sistema de interacciones internas muy parecido a una familia.

Por todo esto, cuando conocí este método, sentí que era el

lugar donde quería quedarme, y empecé a diferenciar qué aspectos de mi personalidad se correspondían con el trauma, esas heridas de mi pasado, disfrazado de personalidad. Aunque ya te aviso que las fronteras a veces se desdibujan: el *self* está influenciado por las partes, y las partes aún conservan algo de la esencia del *self*.

Sé que te he dado mucha información en estas páginas, y es posible que no acabes de entender todo en profundidad. Es normal. Con que sientas curiosidad y tengas ganas de iniciar este camino de reconexión contigo, estoy más que satisfecha.

Todo lo que necesitas está dentro de ti

Era un día entre semana cualquiera. Me levanté temprano dispuesta a ducharme, desayunar y prepararme para la primera sesión terapéutica de la mañana, pero, cuando abrí el correo antes de entrar a la ducha, tenía un mensaje de la persona con la que tenía visita: me pedía un cambio de cita porque durante la noche había empezado a encontrarse mal y apenas había dormido.

En un primer momento, el cambio me importunó. Sin embargo, luego me dije: «Bueno, así me lo tomo con calma. Haré un poco de ejercicio y me pondré una mascarilla facial antes de la ducha, mientras me preparo unas tostadas para desayunar». No soy una persona muy dada a la cosmética ni al maquillaje, así que no entiendo de pieles ni de los ingredientes de estos productos, y usé una mascarilla de arcilla que me había comprado sin tener yo ni idea de eso. (Digo esto porque, más tarde, descubrí que existían varios tipos de arcilla y que justo la que yo había usado no era adecuada para mi tipo de piel).

Inconsciente de lo que estaba a punto de hacer, me puse una mascarilla no recomendada para pieles secas o sensibles, y adivina qué tipo de piel sensible y seca tengo yo: una muy reactiva. Enseguida empecé a notar cierto picor y decidí quitarme los restos donde más molestia sentía; por poco me dio algo cuando vi la piel roja y algo hinchada. Aquí mis partes entraron en acción casi al instante: quise resolverlo de manera automática y compulsiva, y, en ese momento, una parte preocupada de mí, que quería evitar que aquello fuese a más, lideró mis acciones. Combatí la incomodidad con ansiedad y eso me llevó a probar tantos remedios en un solo minuto que no me permitió después saber cuál era el remedio que había funcionado y cuál podría haber empeorado la situación.

Aunque hay partes innatas en nosotras, también hay otras que son aprendidas.

Yo, por ejemplo, sé que esa forma de reaccionar de manera ansiosa tiene que ver con las personas que más tiempo pasaron conmigo en mi infancia, pues también me cuidaban así cuando lloraba o estaba asustada: trataban de dar con la respuesta correcta probando muchos métodos sin ton ni son.

Sin pensarlo demasiado, me lavé la cara y me puse una crema hidratante. Pero, entonces, yo, que tengo una parte que sobrepiensa, empecé a darle vueltas a que quizá no era lo mejor echarme otra crema, y me volví a lavar la cara... Ansiosa y muy preocupada, fui corriendo a la farmacia y les expliqué lo que me había pasado. Ahí me dieron un antihistamínico por si era una reacción alérgica y me dijeron que, si en un par de horas la inflamación y la rojez no se había pasado, acudiese a las urgencias de mi centro médico. Entretanto, me recomendaron un bálsamo hidratante para reacciones alérgicas formulado para mi tipo de piel.

En el camino de ida y vuelta, aproveché para mandar un par de fotos y de mensajes de WhatsApp al chat con mis amigas. A algunas de ellas les había pasado algo parecido y, aunque saberlo me tranquilizó, no me acababa de sentir totalmente en calma.

En cuanto entré por la puerta de casa, me tomé un momento para respirar profundamente y me dije: «Vale, ya has hecho todo lo que podías hacer. Si ahora te quedas en casa, vas a estar las próximas dos horas mirándote al espejo para ver si va a más y, como estás preocupada, lo comprobarás a cada segundo, y eso no te ayudará. Solo alimentará tu malestar y tu preocupación. En lugar de eso, puedes coger el desayuno, tomarte el antihistamínico e irte a un parque a que te dé el aire, que te vendrá bien para la piel y para el sofoco, e intentar relajarte».

Y eso hice: decidí guiarme por esa voz tranquila y que parecía capaz de manejar la situación, y no me equivoqué. Esa voz era la de mi *self*, que, gracias a las sesiones de terapia personal, había conseguido construir para poder acoger la incomodidad en vez de actuarla.

Es probable que haya personas a las que este ejemplo cotidiano les parezca intrascendente e incluso superficial, pero para mí es todo lo contrario: es un relato real y cercano que ejemplifica de una manera muy sencilla cómo, en muchas ocasiones, cuando algo nos duele, asusta o nos avergüenza, reaccionamos perdiendo el equilibrio entre nuestras partes y actuamos desde una subpersonalidad concreta de nuestro yo que ha asumido el liderazgo con el objetivo de protegernos y hacer todo lo posible por cuidarnos. Lo importante no es que estas afloren, porque si eso ocurre no es señal de que haya algo malo en ti, sino que, cuando aparezcan, estas partes puedan ser acogidas por el *self*, que actuará como líder de todas las partes que viven en ti.

Solo cuando somos conscientes de todas nuestras versiones —de todas esas partes que existen en nuestro yo y que han adoptado roles protectores o exiliados en respuesta a experiencias que nos generaron malestar en el pasado—, nos permitimos escucharlas con compasión y sin juicios y les damos lo que necesitan, conseguimos que nuestro yo auténtico se muestre tal como es.

En el caso que te he relatado, esas partes aparecieron, hicieron su función, me ayudaron a tomar decisiones rápidas sin pensar y, luego, una vez que hubieron hecho su trabajo y puesto en práctica sus estrategias protectoras, me tomé un momento para conectar con mi yo más auténtico.

En ese espacio de calma, me di la oportunidad de acompañarme desde un lugar de tranquilidad profunda y prolongada.

Por supuesto, antes de llegar a ese punto, en muchas otras ocasiones y en diversos contextos fueron mis partes protectoras o exiliadas quienes tomaron el control. Pero, con el tiempo, y tras revisar e integrar mi historia, he sido capaz de aceptarlas y hacerles ver que soy capaz de darme lo que necesito.

Así que, como ves**, el primer paso es conocernos y hablar también de aquellas partes que, según nosotras, no deberían formar parte de nuestra personalidad**, como mi parte ansiosa, impulsiva, preocupada y sobrepensante que me ayudó a actuar de inmediato ante la reacción alérgica a una mascarilla. Sé que mirar tan dentro de ti misma asusta, pero te prometo que, cuando hablas de estas partes con personas que son lugares seguros para ti, la vergüenza desaparece y, poco a poco, aprendes a quererte un poquito mejor.

Confía en mí. ¿Seguimos?

EJERCICIO

Antes de seguir leyendo, regresa a la «carta de presentación» que escribiste al inicio del capítulo. ¿Qué partes de ti percibes en esa descripción? ¿Empiezas a reconocer alguna? No pasa nada si en este punto todavía no eres capaz de identificar todas tus partes. Si no estás ahí todavía, vuelve a esta página cuando lo creas conveniente.

....

....

....

2

¿QUÉ TE IMPIDE QUERERTE AHORA? SOBRE EL AMOR Y EL RECHAZO

> Juro que estoy intentando hacer más que suficiente.
>
> Ela Taubert, «Crecer»

Cuando quererse no es una opción

Hay algo que me gusta remarcar en las sesiones individuales y que también quiero que sepas ahora: aunque tu personalidad y lo que has vivido son únicos, al mismo tiempo, no eres la única que siente que no está bien como es.

> **Saber que no estamos solas en muchas ocasiones nos alivia y nos sostiene, como me ocurrió a mí.**

Aunque ahora mismo te cueste verlo, es la realidad que observo constantemente en consulta: por mucho que al compararte veas que todas las personas a tu alrededor consiguen quererse, aceptarse y dejar de ser sus propias enemigas, y tú, pese a todos tus esfuerzos, no. Si aún no eres capaz de verlo, te entiendo y te abrazo.

Muchas veces, a pesar de la ternura que siento hacia las personas que acompaño —hacia su mundo interno, sus historias de vida y las formas que han encontrado para sobrevivir—, también me llega de su parte el odio con el que se tratan, el asco que sienten y del que me hablan, la rabia que las domina y la culpa y el autojuicio por no ser suficientes, por no ser diferentes...

En nuestra cabeza resuena constantemente la afirmación de que no está bien ser como somos. Eso genera una consecuente sensación de rechazo y malestar, y, aunque ese pensamiento aparece en muchas ocasiones a lo largo del día, hay momentos puntuales donde **la idea de que hay algo malo en nosotras toma fuerza**.

Hace poco, una persona que conocí en una primera sesión de terapia me recordó una sensación que era muy familiar para mí unos años atrás. Greta, de veintisiete años, me hablaba de que estaba atravesando una especie de crisis vital: estaba muy angustiada y se sentía perdida y atrapada. Quería dejar su trabajo de abogada, mudarse a otro país y romper su relación de pareja porque no había hecho las cosas bien (sentía que algunas de sus reacciones no reflejaban madurez y que no había estado a la altura en determinadas circunstancias). Creía tener una especie de mancha en su expediente que debía borrar, pero no sabía cómo. En este contexto, la forma más sencilla para ella de intentar dejar atrás esa crisis era empezar de cero.

Algo que empezamos a trabajar desde esa primera sesión fue identificar qué significaba «hacerlo bien», para entender que no hacer las cosas bien, o lo que ella consideraba «bien» por influencia de un contexto determinado, no era sinónimo de ser una mala persona o de haber hecho algo malo. Se trataba de no haber cumplido las expectativas que tenía en su cabeza (probablemente alimentadas por la relación con su entorno) y de no encajar con la imagen idealizada que había construido sobre la persona que debía ser: alguien sin dudas, sin errores, sin miedos, con logros, con seguridad...

Durante el mes de enero , les pregunté a mis seguidores en redes sociales: «¿Qué es lo que te impide quererte hoy?». Las respuestas que recibí de una gran parte de las personas confirmaron que **todas nos encontramos navegando el mismo mar, aunque no estemos en el mismo barco**.

Por ello, es importante conocer esas heridas y compartir la carga en espacios seguros.

El primer mes del año viene cargado de promesas y expectativas, y no falta en esa lista el deseo de **ser nuestra mejor versión**, pero ese no es en realidad el problema. No hay nada malo en querer mejorar. El problema surge cuando ese deseo muta hacia la idea de cambiar radicalmente y convertirnos en alguien que no somos. Pese a que no lo parezca, creer que ser diferentes eliminará el vacío del que queremos desprendernos puede generarnos mucho malestar.

Así que, para conocer de primera mano esas promesas, pregunté a mi comunidad de Instagram si, **detrás de los deseos que me compartían, creían que había algún motivo que les impidiera quererse**.

Las respuestas no tardaron en llegar:

- Mis inseguridades.
- Mi insatisfacción constante.
- Mi sensación de no llegar a todo o de hacerlo todo mal.
- Lo crítica que soy conmigo y con los demás.
- La falta de motivación y la procrastinación.
- El exceso de cuidado a los demás.
- La falta de asertividad cuando me comunico.
- Mis heridas de infancia.
- Ser tan intensa.
- La vergüenza que siento por las cosas que hice en el pasado.
- La culpa por no ser mejor.
- La sensación de no sentirme suficiente ni merecedora de las cosas buenas que me pasan.
- Saber que la persona que era antes no volverá.
- Mi relación con la comida y con mi cuerpo.
- Mi mal carácter.
- Creerme lo que me dicen los demás y no fiarme más de mí misma.
- Mi búsqueda de perfección.
- Mi rigidez.
- Mi sensibilidad...

¿Te suena alguna de ellas?

Muchas de estas razones para no quererse como merecían eran aspectos de ellas mismas que fueron rechazados o no aceptados en el pasado.

EJERCICIO

Antes de continuar, tómate un momento para hacerte las siguientes preguntas y reflexionar. Si para ti tu sensibilidad, tus inseguridades, tu rigidez, etc., son un impedimento para quererte, ¿para quién más lo fue antes? ¿Hubo alguien en tu entorno que juzgó ese aspecto de ti antes de que lo hicieras tú? ¿Qué problema crees que hay en esa parte de ti?

....

....

....

....

....

....

....

....

....

....

....

....

....

....

....

Para Rita, de veintiocho años, por ejemplo, su sensibilidad era el problema. Cuando la conocí, le pedí que se imaginase nuestra última sesión y que intentara reflexionar sobre qué le gustaría haber conseguido a lo largo de nuestro proceso terapéutico, y respondió: «Lograr que las cosas no me afecten tanto; ser fuerte y no perder la sonrisa a pesar de todo».

Preguntar eso me ayuda a ver con más claridad dónde está el problema según la persona, qué términos utiliza para hablar de «su problema» y «su solución», qué expectativas tiene sobre los cambios... Y hay algunas personas que, ante esa pregunta, escribimos una especie de carta a los Reyes Magos. Sin embargo, **que las cosas que te preocupan, asustan o duelen en la vida te preocupen, asusten o duelan es algo natural, una parte intrínseca de la experiencia de ser humana y no un signo de que estés rota o defectuosa**.

Aunque le llevó varias sesiones darse cuenta de ello, Rita creía que, si dejaba de ser tan sensible y, en cambio, se mostraba como una persona fuerte, la relación con su padre podría cambiar y tendría por fin ese vínculo que tanto ansiaba.

Era la mayor de dos hermanos y había crecido con la sensación de que a su padre no le gustaba la persona que ella era, pese a todos sus esfuerzos por agradarle. Sentía que él se avergonzaba de su sensibilidad, entre otros aspectos, y que la rechazaba por no ser tan dura como él y desmoronarse con facilidad ante las adversidades y los obstáculos del día a día. Por ejemplo, cuando Rita expresaba en casa su desacuerdo con una nota del colegio y se ponía a llorar de la rabia, su padre, aunque no le decía nada, ponía los ojos en blanco, chasqueaba la lengua y cambiaba de tema de una forma nada sutil.

Desde pequeña, ella había admirado a su padre y su fortaleza. De hecho, siempre había recurrido a él para explicarle cómo se sentía y **pedirle consejo, esperando que él le ofreciera seguridad cuando sentía miedo** o algo la sobrepasaba.

Sin embargo, él no terminaba de conectar con sus emociones ni sus necesidades, sino que minimizaba sus problemas con frases como: «¿Y eso te preocupa, hija? Pues el día que tengas un problema de verdad, no sé qué va a ser de ti» o «Lo que tienes que hacer es dejar de darles tantas vueltas a las cosas».

A menudo, ella se sentía animada después de conversar con él: le parecía que la ayudaba a ser fuerte y, durante un tiempo, no daba tantas vueltas a las cosas; se distraía para no pensar y, aunque tenía una sensación de tensión en el estómago, lo cierto es que conseguía no preocuparse. Pero eso no duraba mucho. Poco después, volvía a sentir dudas o se veía obligada a tomar una decisión, y, cuando experimentaba un ápice de emoción (inquietud, vergüenza, culpa, confusión...), su cuerpo lo percibía como un fracaso, sentía que había vuelto a fallar, que no había podido ser fuerte como su padre.

El discurso de su padre, sin darse cuenta, reforzaba la idea de que había algo mal en ella (sus mensajes y consejos resonaban en su interior con el eco de un «No deberías ser tan blanda»). Al hablar con él, Rita se convencía de que el camino correcto estaba en dejar de ser como era y convertirse en la persona que él decía que debía ser. Y así, sin darse cuenta, se fue formando una expectativa y una aspiración que poco o nada tenían que ver con quien era en realidad y con lo que de verdad necesitaba.

En el fondo, Rita estaba convencida de que su forma de sentir estaba mal, porque se comparaba con alguien como su padre, que reprimía sus emociones o no tenía las herramientas para compartirlas de la manera que ella necesitaba. Sin embargo, para la Rita de cinco, once o diecisiete años, su padre era más fuerte que ella y capaz de sostenerla y, por ello, lo admiraba.

Las conclusiones a las que llegaba eran que, simplemente, era demasiado intensa y exagerada y que se desbordaba fácilmente. Que era demasiado.

Quizá te estés haciendo la misma pregunta que Rita me lanzó cuando empezamos a indagar en sus relaciones familiares y, en concreto, en el vínculo con su padre: **«¿Por qué hablamos de mi padre si soy yo la que me digo estas cosas?».**

Un mar que no siempre está en calma

Hace un momento te decía que todas navegamos el mismo mar, aunque no vayamos en el mismo barco. Quiero que cierres los ojos y visualices esta imagen, la de cada una de nosotras en su barco. Cuando somos pequeñas, no tenemos la capacidad suficiente para tripular nosotras el navío, así que necesitamos a alguien que se haga cargo del timón, y necesitamos también un puerto seguro donde podamos descansar y sentirnos protegidas cuando aceche la tempestad o el mar esté enfurecido.

Ese **puerto son nuestras figuras de apego**, aquellas personas adultas de nuestro entorno que se encargaron de nuestros cuidados en la infancia (habitualmente, nuestra familia más cercana u otros adultos que nos cuidaron). Dependiendo de cómo fuera ese puerto y nuestra relación con el capitán de nuestro barco, aprendimos a navegar en el mar de la vida de distintas maneras. Y por eso ahora quiero hablarte de la **teoría del apego**, que nos ayuda a dar respuesta a por qué a veces es necesario mirar hacia el pasado cuando la dificultad se da en el presente.

Cuando hayas acabado de leer este libro, quiero que sientas que tú eres la capitana de tu propio barco y que tienes un puerto seguro al que sabes que siempre puedes volver.

Es probable que no siempre haya sido así, por eso es importante conocer de qué manera aprendimos a navegar y, de este modo, descubrir nuevas formas de surcar los mares y afrontar las olas, aunque al principio no nos sintamos del todo cómodas probando algo diferente. (Lo reconozco; tal vez he interiorizado demasiado al Jack Sparrow que hay en mí con esta metáfora, pero, como a Rita, a quien aprecio muchísimo, en su día le ayudó, no podía explicártelo de otra forma).

La teoría del apego

Si ya leíste *Abraza a la niña que fuiste* o *Querida mamá: me dueles*, tal vez ya estés familiarizada con esta teoría que ha marcado un antes y un después en el estudio y la comprensión de las dinámicas y las relaciones sociales.

Su creador, **John Bowlby**, fue un psicólogo y psicoanalista británico que, debido a su propia historia de abandono infantil, estudió cómo los bebés forman lazos emocionales con sus cuidadores. Su infancia estuvo marcada por la ausencia de cuidados de su madre, ya que fue una niñera quien estuvo a su lado durante los primeros años de vida, hasta que, a la edad de cuatro años, esta mujer dejó de trabajar para su familia. Esa ruptura de la conexión con la cuidadora, sumada a la ausencia de un vínculo significativo con su madre y su padre, hicieron que se sintiese atraído por conceptos como el apego y la pérdida.

En 1950, por encargo de la Organización Mundial de la Salud, realizó un estudio para observar qué consecuencias tenía para el desarrollo criarse con una falta de afecto en criaturas huérfanas o sin hogar que habían tenido que vivir en centros de acogida a causa del fallecimiento de sus familias en la Segunda Guerra Mundial. De esas observaciones nació la teoría del apego, que desarrolló entre 1969 y 1980, pues se dio cuenta de que muchos de estos niños, en la adultez, sufrían problemas emocionales y quiso entender qué relación existía entre los problemas que tenían y el cuidado recibido en sus primeros años de vida.

El apego como tal se define como una respuesta innata que actúa como un mecanismo de supervivencia basado en la búsqueda de protección contra posibles agentes hostiles. El concepto de apego también engloba las consecuencias de la ruptura del vínculo o de la no satisfacción de esta necesidad para el niño.

Es decir, el apego es la forma en que percibimos y experimentamos la seguridad en nuestras relaciones primarias y en las futuras interacciones que tenemos con los demás.

Bowlby realizó su investigación observando el comportamiento de aquellas criaturas que habían sido enviadas a orfanatos o separadas de sus familias por la guerra, un doble trauma emocional (más adelante te hablaré de los diversos tipos de trauma y cómo estos pueden afectar al concepto que tienes de ti misma y tu autoestima). Durante sus estudios, uno de sus hallazgos más importantes fue el descubrimiento de que las criaturas pasaban por tres etapas de reacción diferenciada cuando se producía la separación de sus madres:

La primera reacción era de protesta: cuando se producía la separación, la criatura lloraba y buscaba desesperadamente a su madre, el reflejo de ese puerto seguro del que antes hablábamos.

Seguidamente, **la segunda reacción era de desesperación**: si la separación no finalizaba con el esperado encuentro, las criaturas dejaban de llorar, pero permanecían apáticas y tristes.

La tercera y última reacción era de desapego, que hace referencia a que parecían indiferentes a la separación. Sin embargo, algo había ocurrido en esa experiencia, ya que evitaban establecer nuevas conexiones afectivas.

Gracias a la identificación de estas reacciones, Bowlby llegó a la conclusión de que el vínculo con la madre (como figura que representaba al cuidador principal, según su estudio) no solo era importante para los cuidados básicos de alimentación, higiene y sueño, sino que también era **esencial para el desarrollo de la seguridad emocional**. Además, consideró este vínculo **el reflejo de un mecanismo de supervivencia**, ya que, como había observado en los animales, las crías buscan instintivamente la cercanía de sus madres para protegerse del peligro.

Aunque las aportaciones de Bowlby cambiaron la forma en que se entendía el desarrollo infantil, pues demostró que, además de ser alimentados y cuidados físicamente, también necesitamos el amor, la cercanía emocional y la seguridad para crecer sanos, todavía muchas personas creen que amar es malcriar. En sus investigaciones, descubrió que, aunque tenían sus necesidades básicas cubiertas, muchos bebés no lograban sobrevivir en ese entorno hostil debido a la falta de afecto y seguridad; les faltaba algo a pesar de tenerlo «todo».

Aportar seguridad no solo significa cubrir las necesidades físicas, sino también, y sobre todo, estar disponible y presente emocionalmente, responder con sensibilidad a las necesidades de la criatura y brindarle apoyo y consuelo.

A partir de los estudios de Bowlby, otros profesionales de la psicología continuaron investigando el apego. Mary Ainsworth, una psicoanalista estadounidense, amplió la teoría de Bowlby y, en 1965, diseñó **el experimento de la «situación extraña»** para estudiar los distintos estilos de apego en los niños. En este experimento, observó cómo reaccionaban los bebés cuando sus madres salían de la habitación en la que estaban juntos y luego regresaban. Si te interesa, te recomiendo que busques algún vídeo en Internet para ser testigo del experimento y de las reacciones de las criaturas y la dinámica que se establece en la relación.

Gracias a este estudio, Ainsworth identificó tres tipos principales de apego:

1. **Apego seguro:** los niños lloraban cuando la madre se iba, pero, al volver, se calmaban con su consuelo y retomaban el juego.

   Si en la infancia tu puerto siempre estaba ahí cuando lo necesitabas, aprendiste a navegar con confianza, sabiendo que puedes explorar el mar, pero que, si hay tormentas en las que te sientas en riesgo, siempre puedes volver al puerto para sentirte segura. Sabes, por ejemplo, que, a pesar de tener un malentendido con una amiga y discutir, la relación es segura y fuerte.

2. **Apego evitativo:** los niños también se angustiaban cuando la madre se iba, pero, al regresar, la ignoraban o se mostraban distantes.

   Si cuando eras pequeña el puerto casi nunca estaba disponible para ti o te hacía sentir que molestabas cuando reclamabas que tu necesidad fuese satisfecha, tuviste que aprender a la fuerza a navegar sola, sin pedir ayuda. Por eso, prefieres mantenerte lejos de otros barcos y confiar solo en ti misma, como si algo en tu interior dijese: «No necesito ningún puerto en el que descansar ni un capitán que me acompañe, navegaré sola contra viento y marea».

3. **Apego ansioso-ambivalente:** estos niños lloraban sin cesar incluso cuando la madre regresaba, y rechazaban su consuelo.

   Este estilo de apego es como estar angustiada porque quieres navegar, pero, a la vez, no quieres ir muy lejos por si el puerto desaparece. Cuando aprendiste a navegar, te diste cuenta de que a veces el puerto estaba y a veces no, de modo que aprendiste a tener miedo a quedarte sola en medio del mar. Por eso, siempre buscas cerciorarte de que la seguridad sigue ahí, incluso cuando no hay tormenta ni peligro. Estas personas buscan cercanía, ya sea controlando sus emociones o expresándolas intensamente.

Más adelante, en 1990, las investigadoras estadounidenses **Mary Main y Judith Solomon** identificaron un cuarto estilo:

4. **Apego desorganizado:** se da en niños que experimentan relaciones caóticas o traumáticas con sus cuidadores, es decir, que viven con situaciones que generan estrés, miedo o confusión en lugar de brindarles seguridad y estabilidad. Estos niños no tienen una estrategia clara para buscar seguridad y pueden reaccionar de manera contradictoria: sintiendo miedo y buscando la relación de apego al mismo tiempo.

   Cuando estas figuras de cuidado se han mostrado asustadizas con nosotras y no nos han transmitido suficiente seguridad para considerarlas un puerto firme ni nos han enseñado a gestionar las emociones que nos desbordaban, es probable que nuestro estilo de apego sea desorganizado. A las personas con este estilo de apego el mar las asusta, pero el puerto tampoco les proporciona la seguridad que buscan. Si tu puerto a veces era un lugar de calma y otras, un lugar de amenaza, aprendiste a no saber qué hacer, a no saber si la mejor idea era acercarte y quedarte ahí o alejarte.

EJERCICIO

Escribe tres momentos clave que recuerdes en los que necesitaste este apoyo o refugio emocional. ¿Qué tipo de respuesta recibiste de esa figura de apego?

. . . .

. . . .

. . . .

La teoría del apego es una herramienta que nos ayuda a entender nuestra historia de vínculos y así comprender nuestra forma de navegar y de estar en el mundo de las relaciones. Sin embargo, en ocasiones volvemos a mirar con esas gafas dicotómicas, que lo valoran todo desde el bien o el mal, y volvemos a sentir esa mancha en nuestro expediente al darnos cuenta de que nos vemos más reflejadas en un estilo inseguro que en uno seguro.

Identificarte con un estilo de apego u otro no dice nada malo de ti. Tú no eras la responsable del aprendizaje, tú solo aprendiste esa forma de navegar, recuérdalo.

A pesar de que estos patrones de apego puedan reflejar algunas heridas en los vínculos, es justamente en los vínculos donde podemos repararlas. Un ejemplo de ello es el **apego seguro adquirido**, que podemos lograr después de un proceso terapéutico basado en la reparación y la construcción de un apego seguro, contigo misma y con tus relaciones.

Con este mensaje quiero transmitirte calma, a ti y a esa parte de ti que para un problema necesita una solución. El trabajo personal, sumado a nuevas experiencias seguras —como cometer errores y no ser criticada duramente, tener una nueva amistad, encontrar una actividad que te aporte bienestar o vivir en un lugar que sea tranquilo y en un hogar en calma—, hace posible desarrollar una sensación interna de seguridad en la vida adulta. Esto es lo que en terapia llamamos **crecimiento postraumático**. Porque, sí, hay vida después de la herida.

El círculo de seguridad

Otra de las teorías que le expliqué a Rita en terapia y que la ayudó a entender en mayor profundidad cómo su pasado había influido tanto en su presente fue la del **círculo de seguridad**.

Los psicoterapeutas **Glen Cooper**, **Kent Hoffman** y **Bert Powell** crearon este concepto a través de un programa dirigido a familias para criar hijos emocionalmente seguros. Este modelo propone que los adultos sean una base segura para los niños al brindarles apoyo cuando exploran el mundo y estando disponibles cuando necesitan consuelo.

En terapia, este concepto también ayudó a Rita a comprender cómo sus experiencias infantiles influían en sus relaciones actuales. De hecho, muchas dificultades emocionales surgen de un desequilibrio en la manera en que los padres ofrecieron apoyo: por ejemplo, si una figura fue demasiado autoritaria y la otra, demasiado permisiva. El objetivo del círculo de seguridad es, pues, **equilibrar firmeza y afecto**, respondiendo a las necesidades de las criaturas con empatía y ayudándolas a procesar sus emociones.

Imaginémonos a Rita de niña, cuando todavía estaba aprendiendo a ir en bicicleta. Se siente emocionada, pero también un poco nerviosa. Sus padres la acompañan con paciencia y entusiasmo, y le dicen: «Estamos aquí, inténtalo a tu ritmo». Cuando se tambalea, le ofrecen apoyo sin quejas ni prisas. Si se cae y se hace daño, la consuelan: «Ha sido un buen intento, te ha dolido, ¿verdad? Claro, cariño, aquí estamos contigo». Con esta seguridad, Rita sigue explorando, porque sabe que, pase lo que pase, sus padres estarán ahí para apoyarla sin hacerla sentir mal por mostrar las distintas emociones que experimente durante el proceso de aprendizaje.

Ahora imagina que, en ese mismo escenario, sus padres reaccionan de otra manera, probablemente de un modo mucho más fiel a lo que vivió. Cuando ella expresa nervios, le responden: «No es para tanto, deja de exagerar». Si se cae, en lugar de consolarla, le dicen: «Venga, arriba, levántate, no puedes ser tan floja, vuelve a intentarlo, tú puedes». Poco a poco, ella aprende a exigirse demasiado y a esconder su sensibilidad, pues cree que mostrarla implica ser débil. ¿Cuál de estas acciones crees que le brindará una mayor seguridad? ¿Cuál hará que explore el mundo con curiosidad, sabiendo que siempre podrá volver a un lugar de apoyo y consuelo?

Cuando este proceso es satisfactorio, evita que saquemos conclusiones erróneas sobre nosotras mismas, como creer que somos «demasiado sensibles», o que debemos evitar ciertos retos por el miedo de no conseguirlo a la primera, o que es mejor hacer las cosas sola porque nunca hay nadie para ofrecernos consuelo. Así que, respondiendo a la pregunta de por qué es importante revisar nuestra historia relacional, aquí va mi respuesta, que resume todo lo que hemos visto en estas páginas:

Porque en algún lugar aprendiste a relacionarte.
La buena noticia es que, a pesar de todo,
la capitana de ese barco ahora eres tú, y puedes
aprender formas de navegar distintas.

EJERCICIO

Piensa en cómo navegas cuando el mar está calmado, ¿te sientes segura? ¿Y cuando el mar se agita? ¿Buscas refugio, te enfrentas a la tormenta o intentas escapar?

3

NO TE AVERGÜENCES DE TUS HERIDAS: SOBRE EL TRAUMA

> *Now and then, I get insecure, from all the pain, I'm so ashamed.* (De vez en cuando, me siento insegura a causa de todo el dolor. Qué vergüenza).
>
> CHRISTINA AGUILERA, «Beautiful»

Lo que nos dolió y todavía nos duele

Como hemos visto en el capítulo anterior, lo que escuchamos decir sobre nosotras no se queda en el pasado: permanece con nosotras mientras avanzamos en el camino de nuestra vida.

> Los juicios y las críticas que escuchamos, y el silencio alrededor, se aferran a nuestro interior y, en cierta forma, nos moldean.

Recuerdo que, hace un tiempo, preparando una clase sobre el concepto de la niña interior para un programa grupal sobre autoestima corporal, en el que participé como experta invitada, saqué a colación un fragmento del libro *El cuerpo no es una disculpa*, de la activista estadounidense Sonya Renée Taylor (una lectura muy recomendable). En él, se expone y se desarrolla el concepto de **autoamor radical** y la **aceptación corporal** para sanar las heridas infligidas dentro de sistemas violentos que no aceptan la diversidad y discriminan la diferencia.

En uno de los fragmentos iniciales, la autora invita a rememorar los primeros recuerdos de vergüenza corporal, por ejemplo, el de un familiar señalando la forma de tu cuerpo cuando tan solo eras una niña, cómo viviste el inicio de la menstruación, la aparición de vello o el aumento de los senos en la adolescencia... Aunque todos estos momentos son acontecimientos propios del desarrollo físico de cualquier persona, han podido ser motivo de comparación, diferencia o burla; **en definitiva, de rechazo y no de aceptación, que es lo que buscamos y necesitamos**.

Si una persona habla sobre nuestro cuerpo, cuestiona nuestra forma de sentir, hace comentarios sobre nuestra personalidad que nos generan malestar o incomodidad y nadie nos ofrece una opinión opuesta o de aliento para paliar los efectos de esas primeras afirmaciones, esas palabras se quedan dentro de nosotras y dejan huella, una huella que puede provocar una herida dolorosa. A veces la herida se abre, incluso crece, cuando recordamos esa soledad y seguimos repitiéndonos lo que nos dijeron antes sin un contraargumento que ponga en cuestión lo que creemos que es una verdad absoluta.

Veamos esto con un ejemplo muy sencillo. Imagina que, cuando tenías entre ocho y diez años, una tía le dijo a tu madre delante de ti: «A esta niña la tienes que llevar al dentista, que mira qué fea tiene la boca». En respuesta, tu madre le dio la razón, o se incomodó y no respondió nada, o le dio largas y le dijo que ya lo harías tú cuando fueras mayor, pero no fue capaz, por las razones que sean, de ofrecerte un discurso con el que dar contexto a ese comentario. Como, por ejemplo:

«Cariño, antes, cuando la tía ha dicho eso, no he sabido qué responderle, pero quería preguntarte cómo ha sido para ti escucharlo. Para algunas personas es importante tener los dientes rectos y blancos, pero quiero que sepas que eso no significa que tus dientes estén mal. Cuando acudimos al dentista, yo quiero que miren si tus dientes están sanos, si te duelen, si podemos aprender a limpiarlos mejor y prevenir infecciones, si hay alguna caries... Pero quiero que sepas que, en esta familia, eres bienvenida, válida y querida, independientemente de la forma de tus dientes».

EJERCICIO

¿Cuál es el primer recuerdo que tienes en el que sentiste vergüenza? ¿Qué aspecto de tu físico o de tu personalidad fue objeto de crítica? A día de hoy, ¿cómo ves tú ese aspecto?

....

....

Cuando alguien miró con
juicio alguna parte de nosotras, fuera
cual fuera, lamentablemente
ya no la volvemos a mirar
de la misma forma.

Así que, volviendo al ejemplo, sin darnos cuenta, lo que un día fueron las palabras de tu tía o incluso las de tu madre, quizá hoy son las tuyas, y eso te duele.

Cuando no ha existido un acompañamiento a esos juicios, críticas o actos dolorosos que los contextualizara y te diera aliento, **es probable que lo que viviste haya condicionado también la narrativa que te cuentas sobre ti misma**. Eso que a menudo te dices a ti misma, y que tal vez suena como «Tengo que poder hacerlo yo sola. Si otros pueden, ¿por qué yo no?», «Debería poder con esto sin pedir ayuda», «Yo sola no seré capaz», «Mi vientre no es plano, y debería conseguirlo» o «Si no hago algo por los demás, me siento mal», habla de algunas consecuencias que han echado raíces en tus vínculos y creencias.

Llevamos un par de capítulos en este viaje de autoexploración y conocimiento juntas, y, sin embargo, en este poco tiempo, ya hemos hablado de asuntos muy profundos que no surgen en el primer café (¡o sí!) y que en muchas ocasiones cargamos en soledad, la mayoría de ellas por vergüenza. Porque sentimos que, si compartimos nuestras inseguridades o complejos con alguien, **podríamos recibir otra vez la confirmación de que eso que sentimos o somos debería seguir oculto**.

Reconocer nuestras heridas

Estas cargas que acostumbramos a vivir en soledad son nuestras **heridas o traumas emocionales**, aquellas situaciones que vivimos en el pasado, sea reciente o remoto, y en las que sentimos que algo se rompió y no fue reparado.

Son aquellos momentos en los que guardaste el dolor para ti, en silencio y en soledad.

Las heridas emocionales o traumas dejan una sensación en el cuerpo de **indefensión** que, en cierta forma, **te hace sentir «atrapada» en ese momento doloroso del pasado** y te llevan a repetirte que eres «incapaz», «insuficiente» o «no válida» o a percibir el mundo como un lugar peligroso o poco confiable. Y esta sensación puede hacer que el miedo o la inseguridad se trasladen a tus relaciones y provoquen obstáculos o grietas en tus vínculos.

El malestar que sientes forma parte de algunos de los síntomas que el trauma puede generar como consecuencia de un sistema nervioso desregulado. Esto significa que el cuerpo y la mente tienen dificultades para manejar el estrés y alternan entre estados de alerta extrema o desconexión. (No te preocupes, profundizaremos en esto más adelante, pero me parecía importante avanzártelo para descargarte a ti y a tu fuerza de voluntad de cierta responsabilidad).

Seguro que muchas veces te has comparado con otras personas que han vivido lo mismo que tú o experiencias similares y, al hacerlo, has visto que no lo habéis procesado igual, y, para sorpresa de nadie, me imagino que, si te has comparado, habrás salido perdiendo y siendo injusta contigo.

Los efectos del trauma no son, en absoluto, responsabilidad tuya.

Estas experiencias tienen un impacto distinto en diferentes esferas: individual, social y comunitaria. Hay factores de riesgo (como la pobreza, la precariedad laboral y el aislamiento social) o de protección (como el acceso a una vivienda digna o a una educación de calidad) que pueden aumentar tu vulnerabilidad o favorecer la resiliencia (es decir, tu capacidad de hacer frente emocionalmente a la adversidad). Por ejemplo, unas condiciones socioeconómicas difíciles pueden llevar a que el acceso a la salud mental no sea una prioridad o que no esté al alcance de todos.

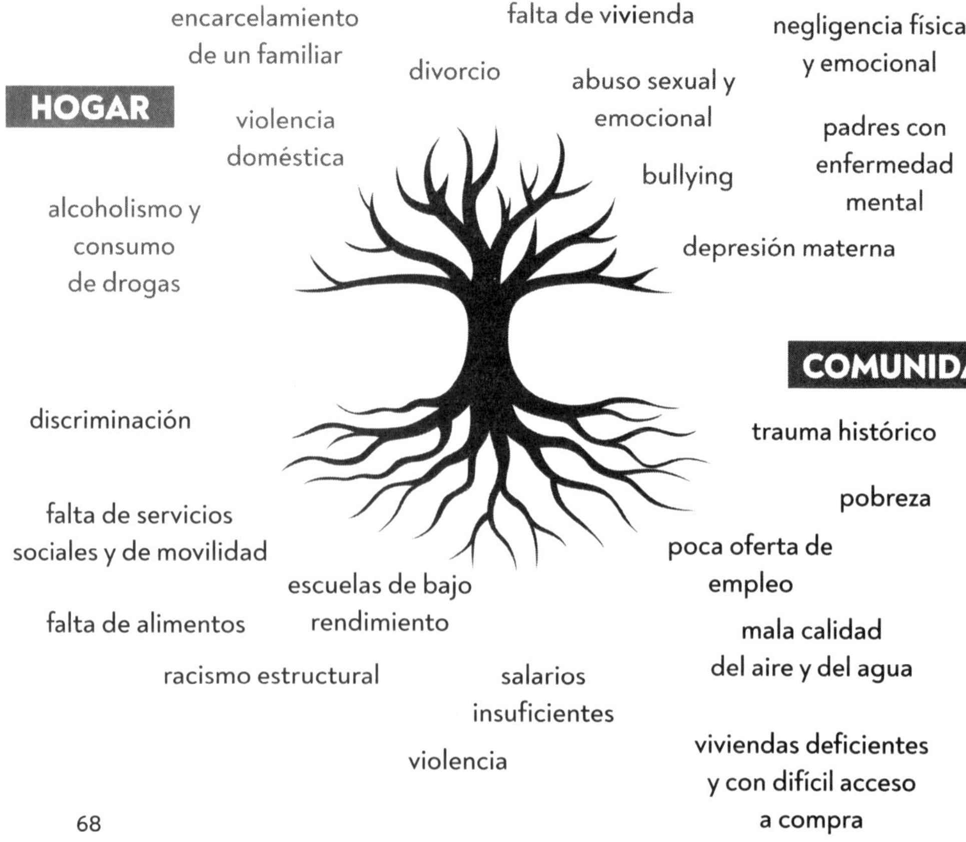

Asimismo, los permisos y convenios que configuran nuestro sistema político y social nos impiden procesar adecuadamente algunas situaciones nuevas, como la maternidad, o dolorosas, como la pérdida de un familiar. Estas, aunque formen parte del ciclo natural de la vida, necesitan ser atendidas con el tiempo y al ritmo que cada persona necesite.

Pese a lo que quizá puedas pensar, personalmente, creo que las heridas no son un signo ni de orgullo ni de vergüenza. Muchas veces escuchamos frases como: «Gracias a las heridas, hoy soy esta persona», pero, si hubiéramos podido aprender lo mismo sin sufrir tanto, no habría duda en que lo habríamos elegido. No tenemos que aprender nada de una situación difícil o desgarradora; simplemente, existen en nosotras y hay que reconocerlas para integrarlas y hacer las paces con nuestra historia y con nosotras mismas.

ENTORNO

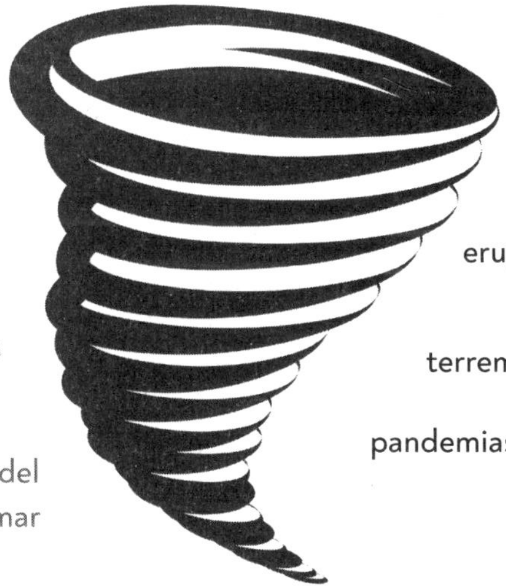

DESASTRES NATURALES

CRISIS CLIMÁTICA

olas de calor
y sequías

tormentas

inundaciones
y desprendimientos
récord

aumento del
nivel del mar

incendios y humo

tornados y
huracanes

erupciones volcánicas
y sunamis

terremotos

pandemias

Aunque, como siempre, si a ti te alivia y acompaña verlo así, no tengo nada que añadir para que lo cambies o lo veas distinto. Tú eres quien mejor sabe lo que necesitas y te sienta bien, pero necesitaba decirlo para todas aquellas personas que pueden sentirse culpables al no vivirlo de la misma manera que tú. **En este libro hay espacio para todas nosotras.**

Aunque no me gusta decirte lo que tienes que hacer, mi deseo es que, con estas palabras, entiendas que no tienes nada de lo que avergonzarte.

Recuérdalo siempre: tus heridas no te hacen menos válida ni son tu culpa.

Cuando apego y trauma van de la mano

Es inevitable que, al hablar de heridas emocionales, y después de haber tocado el tema del apego en el capítulo anterior, profundicemos en un concepto tan profundo y amplio como es el trauma. En psicoterapia, y en mi experiencia profesional, **la mayoría de las veces apego y trauma van juntos**.

El apego, nuestra manera de vincularnos con quienes nos rodean, moldea la respuesta al trauma y, a su vez, el trauma tiene un efecto sobre el apego. Así, por ejemplo, después de una experiencia traumática, podemos desconfiar de la persona que tenía que apoyarnos, y el vínculo puede volverse inestable. Nuestras primeras relaciones de apego determinan cómo aprendemos a regular nuestras emociones y a buscar apoyo en momentos de estrés, incomodidad o malestar.

Un apego seguro nos ayuda a ser resilientes y a afrontar eventos estresantes o traumáticos.

Imagina a una niña que, cuando tenía miedo por la noche, su madre le cantaba hasta que se dormía y que, gracias a momentos como ese y a otros parecidos, creció con la certeza de que, pasase lo que pasase, siempre habría alguien a su lado. Ahora piensa en esa niña como una adulta que ha crecido y que, de pronto, pierde un trabajo. Algo que puede hacer es llamar a su mejor amiga y a su madre y hablar con ellas para calmarse y recordar que tiene habilidades suficientes para encontrar otra oportunidad. Esa niña aprendió que, aunque ocurren cosas desagradables, el mundo no es un lugar totalmente hostil, y, gracias a eso, ahora es una adulta que puede confiar en sus capacidades y en los demás para seguir adelante en los momentos difíciles.

En cambio, **los estilos de apego más inseguros** (ansioso, evitativo y desorganizado) **pueden hacer que el trauma sea más difícil de procesar y de integrar en nuestra historia vital**. La misma situación de la pérdida de empleo habría podido dar lugar a una escena en la que la persona siente un vacío enorme en el estómago. Piensa que es su culpa, que no es lo suficientemente buena. Quiere llamar a alguien, pero un pensamiento la detiene: «¿Para qué? Nadie me va a ayudar», así que se encierra en su habitación durante días, pues se siente sola y abrumada.

Las personas con estos estilos de apego tienden a dudar de la capacidad de los demás, así como de su propia valía, y eso los hace más vulnerables ante la adversidad, ya que les cuesta manejar las emociones y pedir ayuda cuando la necesitan.

> Integrar el trauma en tu historia vital significa dar espacio a la experiencia dentro de tu relato personal, y hacerlo de una forma cuidadosa y respetuosa, para que el pasado no te siga provocando las consecuencias desagradables que sientes y aprendas nuevas formas de tratarte, cuidarte y afrontar nuevas situaciones.

El trauma, en su acepción general, es un término utilizado en el ámbito de la medicina y la psicología para describir las consecuencias que **una experiencia estresante, eventos o lesiones sin procesar han dejado en nuestro cuerpo y mente**, es decir, el resultado de una experiencia (que puede ser puntual o repetitiva) que ha superado nuestra capacidad de afrontarla y que hemos vivido en soledad. Sin embargo, aunque un suceso estresante puede generarnos incomodidad y malestar, si recibimos el apoyo, el sostén y la seguridad necesarios para atravesarlo no tiene por qué ser traumático.

Pese a la mala fama que tiene la palabra y la fuerte impresión que puede darte imaginarte a ti misma como una persona con un trauma, etimológicamente, la palabra viene del griego y significa, literalmente, «herida». Así que, aunque hablemos de lo mismo, **al principio es posible que sea más fácil asumir que cargamos con heridas o traumas**, y que tenemos asuntos pendientes a los que todavía nos da miedo asomarnos por el dolor que llevan asociado, en vez de vernos como «una persona traumatizada», una expresión que, personalmente, me suena más a una condición crónica, como si no hubiera posibilidad de cambio o recuperación.

Dentro del campo de la psicología, en la teoría definimos de forma general **dos tipos de traumas**. En la práctica, en muchas ocasiones, nos encontramos que van de la mano, pero también pueden verse diferenciados cuando echamos la vista atrás y revisamos nuestra historia vital:

- El **Trauma con T mayúscula** es el resultante de un único evento que ha superado nuestros recursos de afrontamiento, como una catástrofe o desastre natural, la pérdida de un familiar, una guerra, un accidente de coche o una agresión sexual.
- El **trauma con t minúscula** hace referencia a hechos que han ocurrido de forma continuada y que han alterado nuestra percepción de seguridad, como no recibir un buen trato, críticas constantes en casa, rigidez y perfeccionismo que nos mantienen en tensión para no fallar...

Dentro de ambas categorías podríamos incluir también el **trauma vicario**, que es el resultado de vivir el trauma de forma indirecta, como ser testigos de situaciones que ponen en riesgo la integridad de otras personas al ver violencia en casa, maltrato a hermanos mayores o, incluso, como profesionales de la salud, ser testigos en muchas ocasiones del sufrimiento emocional de otras personas con las que nos relacionamos y vinculamos en terapia.

De manera práctica, cuando estoy acompañando a personas en sesiones, para mí el trauma tiene que ver con **necesidades insatisfechas y cómo hemos aprendido a cubrirlas y compensarlas de otras formas.** Por ejemplo, si tú necesitabas que alguien te ayudase a resolver un conflicto y nunca había nadie para hablarlo, o si lo comentabas y le restaban importancia, probablemente aprendiste a obviar de algún modo que tenías necesidades. Como consecuencia, tu forma de compensar esa necesidad no satisfecha tal vez fuera desarrollar una parte de ti que se muestra independiente y que evita reconocer sus propias necesidades. Una parte que, además, piensa que estás mejor sin la ayuda de nadie o, incluso, que compartir tu situación podría empeorar las cosas.

EJERCICIO

¿Hay algún evento de tu pasado que sientas que te marcó, pero que no has compartido porque te parece «pequeño» o «insignificante» en comparación a lo que otras personas han vivido? ¿Cuál fue?

....

....

....

....

....

....

....

....

....

....

....

....

....

De esa manera, encontraste un parche para esas heridas, pero este no tenía el bálsamo que necesitabas para que curaran y cicatrizaran y, por tanto, las heridas quedaron abiertas.

Como profesional y persona, **intento no perder nunca de vista las necesidades del otro.** Por eso, cuando estoy en consulta y alguien al que acompaño me está compartiendo su malestar, a la vez mi cabeza se pregunta: «¿Qué necesita?, ¿qué busca de mí?, ¿qué le gustaría que dijese?, ¿qué no necesita que ocurra ahora?». En algunas ocasiones, verbalizo estas preguntas y lo hago explícito, invitando a que la persona pueda reconocer cómo desea ser acompañada: «Hoy que sabías que teníamos sesión, que necesitabas compartir esto conmigo, ¿qué te gustaría escuchar de mí? ¿Cómo crees que necesitas que te acompañe?».

Otra forma de entender y definir el trauma de manera muy sencilla es a través de las **tres E del trauma**, propuestas por la Administración de Salud Mental y Abuso de Sustancias de Estados Unidos (SAMHSA, por sus siglas en inglés) y que hacen referencia al **evento**, la **experiencia** y el **efecto**.

Evento

El evento o suceso se refiere a la amenaza o experiencia real de daño que viviste de forma única o de manera repetida, como hablábamos antes.

Para detectar un evento traumático, puedes hacerte la siguiente pregunta: «¿Ocurrió algún acontecimiento en mi infancia que sienta que me ha marcado?».

Experiencia

La experiencia se refiere a cómo percibiste el evento. Recuerda que los eventos nos afectan de forma distinta, así que es importante entender qué significó para ti y cómo alteró tus emociones, sensaciones o sentimientos, y si sentiste vergüenza, aislamiento, traición, miedo, etc.

Para explorar la experiencia, puedes hacerte las siguientes preguntas: «¿Cómo me sentí con respecto al evento que ocurrió?», «¿Experimenté alguna de las emociones mencionadas anteriormente o algún otro sentimiento?», «¿Qué pudo significar el evento para mí?», «¿Podría haber cambiado el evento la forma en que me sentí con respecto al mundo, a los demás o a mi misma?».

Efecto

El efecto se refiere al impacto y la repercusión que el evento y la experiencia tuvieron sobre ti. El impacto pueden ser las consecuencias a corto o largo plazo y puede aparecer de inmediato o más tarde. Así, por ejemplo, el efecto y la experiencia del evento pueden generar problemas nuevos o mayores en las relaciones sociales o familiares, cambios en el sueño, la alimentación o el estado de ánimo y dificultades para pensar, concentrarse o expresar emociones.

Para analizar el efecto que tuvieron el evento y la experiencia, puedes hacerte las siguientes preguntas: «¿Cómo cambié después del evento y de qué manera?», «¿Muestro hoy en día algunas de las consecuencias del evento?».

Como ves, las experiencias pasadas pueden modelar tu presente, pero eso no significa que tenga que ser así también con tu futuro. Desde una perspectiva de terapia integradora centrada en el trauma, antes de intentar cambiar aquello que nos hace sufrir, necesitamos entender qué nos ocurrió, navegar y sentir el duelo de lo que deberíamos haber vivido y no ocurrió y restablecer la seguridad que no sentimos. Asimismo, debemos identificar cuáles son los desencadenantes de nuestro malestar para desarrollar nuevas formas de afrontar distintas situaciones e integrarlas en nuestra historia.

El camino se abre delante de nosotras, y, si estás aquí, ya has dado tus primeros pasos. Yo estoy a tu lado para acompañarte más allá. Juntas.

No somos nuestras heridas, pero todavía las cargamos: el camino de la integración

Cuando eras pequeña, sin las herramientas necesarias, no podías ser tú la responsable de cubrir esas necesidades emocionales, sino que eran tus cuidadores los encargados de verlas y satisfacerlas. Sin embargo, si la relación con tus cuidadores se caracterizaba por un apego inseguro, es posible que esto no ocurriese siempre que lo necesitaras.

La diferencia crucial entre la seguridad y la inseguridad no es la ausencia de heridas, sino la capacidad de los cuidadores para sostenerlas, procesarlas y repararlas de manera que refuercen la confianza en uno mismo y en el vínculo en lugar de debilitarla.

Por ello, las relaciones seguras no son perfectas; también en ellas se producen heridas. Aun sin querer dañarnos, a veces las personas a las que queremos y con las que nos sentimos seguras nos van a decepcionar al no actuar como nosotras lo haríamos, o nos vamos a sentir incomprendidas o incluso invalidadas en algunos momentos por su forma diferente de actuar en distintas situaciones.

> Las heridas son, en cierta manera, inevitables; lo que permite que esa ruptura pueda repararse, que podamos sanar, es el acompañamiento que recibimos durante el evento estresante y posteriormente.

La repercusión de este trauma o herida relacional en la infancia se puede manifestar en la vida adulta a través de muchos síntomas, entre ellos: nuestros pensamientos y diálogo interno (el bucle mental o la rumiación, la forma en que nos criticamos y nos juzgamos a nosotras mismas, la rigidez con la que nos tratamos y el perfeccionismo al que aspiramos), imágenes, recuerdos, conductas (la impulsividad o la irritabilidad), lo que a veces nos provoca sensaciones corporales (insomnio, problemas digestivos o bruxismo) o reacciones emocionales (estallidos de ira, apatía o cambios de humor).

Cognición

- Dificultades en el aprendizaje
- Dificultades con la resolución de problemas
- Retrasos en la adquisición del lenguaje
- Problemas de concentración
- Resultados académicos bajos

Salud física

- Trastornos del sueño
- Trastornos alimentarios
- Sistema inmune de baja respuesta
- Enfermedades cardiovasculares
- Esperanza de vida menor

Comportamiento

- Baja autorregulación
- Aislamiento social
- Agresividad
- Bajo control de los impulsos
- Mayor riesgo de comportamientos ilegales
- Conductas sexuales problemáticas
- Embarazo adolescente
- Abuso de drogas y alcohol

Emociones

- Dificultad en el control de las emociones
- Problemas para reconocer las emociones
- Capacidad de imitación limitada
- Mayor sensibilidad al estrés
- Culpa y vergüenza
- Excesiva preocupación y desesperanza
- Sensación de indefensión, falta de confianza en la propia capacidad

Salud mental

- Depresión
- Ansiedad
- Baja autoestima
- Estrés postraumático
- Tendencias suicidas

Relaciones

- Trastornos de apego
- Baja comprensión de las interacciones sociales
- Problemas para trabar relaciones con iguales
- Problemas en relaciones de pareja
- Ciclos intergeneracionales de abuso y negligencia

Cuando el trauma ocurre y no conseguimos elaborarlo, se queda en nuestro cuerpo de manera fragmentada.

Por ello, en terapia, a través de la integración, buscamos darle sentido a la experiencia y crear un relato coherente alrededor del trauma que nos permita sanar la herida.

No obstante, también podemos encontrarnos con situaciones estresantes que, cuando las experimentamos, seguramente nos generaron cierta incomodidad, tensión o incluso ansiedad, pero que no alteraron nuestra identidad. Una mudanza, por ejemplo, puede ser estresante porque implica cambios, despedidas y el reto de integrarse en un nuevo entorno, pero con el tiempo es posible adaptarse a la nueva situación y seguir adelante sin que nuestra identidad se vea alterada ni comprometida. En cambio, la misma mudanza puede volverse traumática si no implica solo el cambio de residencia, sino también la vivencia de desprotección y ruptura emocional asociada a la experiencia cuando el evento se da en un contexto de abandono, soledad y distancia emocional.

Esto me lleva a pensar en Riley, la protagonista de la película *Del revés*, la cual te recomiendo muchísimo si no la has visto todavía (si ese es el caso, salta al siguiente párrafo para evitar *spoilers*). La historia se centra en explicar las emociones de una niña que atraviesa un cambio importante al mudarse de casa y de escuela, con todo lo que eso supone. Riley ve a sus padres ocupados, estresados por el cambio, pero felices, y eso hace que ella no tenga espacio para expresar el duelo que supone la mudanza. Después de transitar todo lo que acontece, hacia el final de la película, los padres de Riley le preguntan qué le ocurre y entonces ella rompe a llorar y al fin comparte con ellos todo lo que ha callado.

Es importante saber que contamos con ese espacio, aunque no lo usemos en el momento, pues a veces también necesitamos procesar de manera autónoma lo que nos está pasando antes de abrirnos y exponernos.

Entonces, ¿por qué me siento insuficiente si el recuerdo de mi infancia es feliz?

Esta fue una de las preguntas que me hizo Raquel, otra de mis pacientes, en nuestras sesiones, y le respondí lo mismo que te digo ahora: aunque sería ideal, **es poco probable llegar a la adultez estando cien por cien intacta en lo que a heridas emocionales se refiere**.

A veces, cuando hablamos de heridas emocionales, pensamos en grandes traumas o experiencias dolorosas. Sin embargo, en realidad, todos hemos vivido momentos que, sin ser intencionales ni muy graves, nos han dejado una marca. Por eso, siempre les digo a las personas a las que acompaño que, si les doy un pisotón sin querer, les va a doler igual que si lo hubiera hecho a propósito. De la misma manera, podemos sentir dolor por ciertas vivencias de nuestra infancia sin que eso signifique que tuvimos una mala infancia o que nuestros cuidadores fueron negligentes.

Por ejemplo, quizá crecimos en una familia amorosa, pero donde se valoraba mucho el rendimiento académico. Aunque nunca nos faltó afecto, aprendimos a vincular nuestra autoestima con el éxito y ahora sentimos ansiedad ante el fracaso. O tal vez teníamos a unos padres cariñosos, pero muy ocupados, y eso nos llevó a sentir que debíamos resolverlo todo por nuestra cuenta, por lo que desarrollamos una independencia forzada que ahora nos impide pedir ayuda.

Reconocer nuestras heridas no significa culpar a nuestros padres ni negar lo agradable de nuestra infancia, sino entender cómo ciertas experiencias moldearon la forma en que nos relacionamos con el mundo y con nosotras mismas.

Cuando todo va bien, pero no es suficiente

Raquel tenía treinta y dos años y, en apariencia, su vida era estable. Tenía un buen trabajo, amigos y una pareja que la quería. Nunca habría descrito su infancia como infeliz y no se consideraba una persona herida. Sin embargo, aunque todo iba bien, en el fondo sentía que no era suficiente. No entendía por qué, pero constantemente dudaba de su valor, como si en cualquier momento alguien pudiera descubrir que no merecía lo que tenía.

Como muchas personas que comienzan terapia, Raquel no empezó por el inicio de su historia. Me hablaba de su presente y de una sensación de inseguridad constante. Decía que su pareja era maravillosa, pero que en el fondo no entendía qué veía en ella. Si él tardaba en responder un mensaje, su mente se llenaba de dudas: «Seguro que está perdiendo el interés, tal vez se ha dado cuenta de que no soy tan especial». Pero nunca decía nada; fingía que todo iba bien, aunque por dentro se sentía pequeña e insegura.

Si, al llegar a casa, su pareja tenía un tono de voz serio o el ceño fruncido, su cuerpo se tensaba, aunque supiera que era la persona que más la cuidaba y que nunca haría nada para hacerle daño. En su trabajo y con sus amigos pasaba algo similar. Si recibía un halago, su primer impulso era restarle importancia: «Solo tuve suerte, no fue gran cosa». Si alguien le pedía ayuda, sentía la necesidad de decir que sí, aunque estuviera agotada, porque temía dejar de ser valorada si ponía límites. Y, cuando alguien se distanciaba, aunque fuera por razones ajenas a ella, su mente llenaba los vacíos con explicaciones como «Seguro que está enfadada conmigo» o «No soy lo suficientemente buena amiga».

Toda su vida había intentado ser la persona que creía que debía ser para que la quisieran. Se esforzaba por complacer a los demás y encajar, pero el resultado era que, a pesar de haber conseguido todo lo que pensaba que la haría sentirse bien consigo misma, todavía sentía un vacío. No sabía qué más hacer para considerarse valiosa y merecedora de afecto.

Siguiendo un enfoque centrado en las heridas emocionales, una de las primeras cosas que trabajamos en terapia fue ayudarla a dar sentido a lo que sentía. Le expliqué cómo nuestras experiencias tempranas moldean la forma en que nos vemos a nosotros mismos y cómo, aunque su entorno actual fuera seguro y amoroso, las inseguridades que habían nacido en el pasado seguían activándose en el presente.

Suena la alarma

Imagina que tu cuerpo y tu cerebro son como una casa con un sistema de alarma que te protege de amenazas y peligros. Cuando todo está bien, la alarma no suena hasta que no existe una verdadera amenaza, como la invasión de tu propiedad sin permiso; si no hay peligro, la alarma no suena.

Sin embargo, cuando alguien carga con heridas de infancia que han moldeado su identidad y sus relaciones, es como si hubiera habido un gran incendio en la casa, pero esta no se hubiera quemado al completo, sino que solo hubiera dañado ciertas habitaciones. Así, los efectos del fuego afectaron solo a algunas partes de la casa, entre las cuales se encontraba la alarma, que ahora suena todo el tiempo, incluso cuando no hay peligro real.

Esto es algo que veíamos con Raquel; había algunas cosas en su vida que funcionaban, y, sin embargo, se sentía desconectada de todas ellas. Este enfoque buscaba reconectar todos los aspectos: —cuerpo, mente y emociones—, entendiendo que no funcionan de manera aislada, sino que están profundamente interrelacionados y que juntos pueden dar respuesta a sus dudas.

En lo que se refiere al cerebro, debido al trauma, la **amígdala (el detector de peligro)** aumenta su tamaño y su actividad, y por eso siempre estaba en alerta. Esto explicaba por qué, cuando su pareja tardaba en responder, ella empezaba a asustarse e interpretaba señales neutras como posibles amenazas.
El **hipocampo (el que organiza los recuerdos)**, en cambio, reduce su tamaño y puede encogerse, por lo que no tiene toda la información y en algunas ocasiones le es difícil diferenciar entre pasado y presente. Debido al incendio imaginario del que hablábamos, algunos documentos y carpetas han quedado desordenados, han desaparecido o incluso se han quemado, lo que hace que no tengamos recuerdos claros o que aparezcan en forma de imágenes u otros estímulos diferenciados, como le ocurría a Raquel

cuando alguien de su entorno se distanciaba y ella no lograba conectar este hecho con experiencias de abandono pasadas.

Y luego la **corteza prefrontal (el «panel de control» de la casa, responsable de tomar decisiones)** pierde fuerza o se desconecta de otras áreas, lo que dificulta pensar con claridad y racionalizar algunos estados emocionales o mantener la calma cuando la alarma se activa. Eso, pues, impedía que Raquel pudiera comunicarle a su pareja qué le estaba ocurriendo y que soltara un «No lo sé» o saliera del paso con excusas como «He tenido un mal día» o «Es un cúmulo de cosas», y así permanecía atrapada en la inseguridad.

Cuando alguien ha vivido un trauma, su sistema de alarma queda alterado y se activa con cualquier pequeño ruido, incluso cuando no hay peligro real. De hecho, hace pocos meses se popularizó un vídeo en algunas redes sociales que decía: «Le tengo que recordar a mi cerebro que solo está en juego aprobar un examen y que no me está persiguiendo un león por la selva». En lo que se refiere al cuerpo, nuestro sistema nervioso también se altera, como veremos más adelante.

Cuando el amor y el peligro se mezclan: el origen de las heridas

Volviendo a la historia de Raquel, en terapia descubrimos que había crecido en un hogar donde el amor y el peligro se mezclaban con frecuencia. Su padre tenía arranques de ira y, aunque nunca la golpeó, sus cambios de humor, sus gritos y sus quejas llenaban la casa de tensión. Esa tensión también se instaló en su cuerpo: desde pequeña, sentía la barriga encogida porque nunca sabía cuándo estallaría la tormenta.

Cuando su padre no estaba en casa, se sentía más tranquila. Sin embargo, con el tiempo, esa diferencia se fue desdibujando y la tensión se convirtió en algo permanente. Así, aprendió a vivir con miedo a hacer algo que pudiera desencadenar una explosión, aunque fuera algo tan trivial como que el ordenador funcionara lento.

Cuando su padre llegaba, por la noche, su corazón latía con fuerza, pero su cuerpo permanecía inmóvil. Congelarse fue su manera de sobrevivir. No podía huir ni defenderse, así que se hizo pequeña y silenciosa para que la situación no empeorara. Su madre, en un intento de protegerla, le decía: «Ya sabes cómo es tu padre, no te lo tomes así, él te quiere, solo se pone así porque está estresado». Raquel intentaba creerlo, pero sus sensaciones internas le decían otra cosa. Por ello, aprendió a dudar de lo que sentía, a ignorar su malestar y a fingir que todo estaba bien, aunque en el fondo nunca se sintiera completamente segura.

EJERCICIO

Si miras hacia atrás, ¿hay situaciones donde el amor y el peligro se mezclaban? ¿Cómo has aprendido a identificar lo que es seguro de lo que no lo es en tus relaciones?

....

....

....

¿Cómo afecta lo que vivimos en la infancia a nuestra autoestima actual?

Desde pequeña, **Raquel aprendió a vivir en alerta**. El comportamiento de su padre hizo que Raquel se sintiera en peligro, incluso cuando no estaba directamente involucrada en los conflictos. Esa sensación de inseguridad y miedo se quedó grabada en su cuerpo y en su mente: su barriga encogida, su respiración contenida, su necesidad de anticipar el próximo estallido.

En terapia le expliqué que, debido al ambiente familiar en su infancia, su cuerpo había aprendido a vivir en alerta, y, aunque pudiera parecerle que algo en ella no funcionaba correctamente, lo cierto era que su cuerpo había aprendido a protegerla demasiado bien. De hecho, su cuerpo no se había dado cuenta de que algunas de sus respuestas aprendidas en la infancia se habían quedado atrapadas en un tiempo que no era el actual y no entendía que no todo desacuerdo significa peligro, que no todas las voces fuertes son gritos y que no todas las discusiones acaban en abandono.

Raquel creció sintiendo que tenía que ser cautelosa, que debía hacerlo todo «bien» para evitar desencadenar un problema. De niña, esto significaba mantenerse en silencio, no molestar y ajustarse a lo que los demás esperaban de ella. **De adulta, esta creencia se tradujo en sentir que su valor dependía de la aprobación de los demás, por lo que temía no ser suficiente.** Como en su infancia no se había sentido completamente segura ni vista, aprendió a buscar la validación externa para sentirse valiosa. En su relación de pareja y en su trabajo, se preocupaba constantemente por si estaba decepcionando a los demás e interpretaba señales neutras (un tono de voz serio o una reunión inesperada) como indicios de que había hecho algo mal, pues, por sus vivencias, incluso en un entorno seguro, su cuerpo seguía esperando el próximo «estallido», aunque ahora no hubiera gritos ni tensión real.

Al haber aprendido en la infancia a evitar los conflictos y a callar para no incomodar, de adulta le costaba poner límites y expresar lo que sentía. Cuando su pareja notaba que algo le pasaba y le preguntaba por eso, Raquel no sabía qué responder, porque ni siquiera tenía claro lo que sentía debido a la falta de espacio que había tenido en el pasado para hablar de su mundo interno. El trabajo en terapia ayudó a Raquel a reconocer cómo su infancia había afectado a su autoestima y a entender que su miedo a no ser suficiente no era una verdad absoluta, sino una huella de su historia.

Por eso necesitamos entrar a esa casa para limpiar, abrir las ventanas y dejar que vuelva a entrar la luz que calienta y no quema, pues, cuando cerramos la puerta para que no entre el dolor, tampoco hay espacio para el amor.

EJERCICIO

Siguiendo el ejemplo de tu casa y la alarma, ¿sabrías identificar qué activa la alarma de tu casa en el presente? ¿Cuáles son aquellas situaciones que pueden estar abriendo tu herida?

. . . .

. . . .

. . . .

4

LA HUELLA EN EL CUERPO: ¿SIGUES ATRAPADA EN EL PASADO?

> Me da miedo lo fácil que camuflo la ira, para otros sería una misión suicida, pero para mí no.
>
> Belén Aguilera, «Camuflo»

No eres tú, es tu sistema nervioso

El trauma no tiene que ver solo con lo que nos pasó, **sino también con lo que ocurrió dentro de nosotras**. Y es que los eventos dejan una huella en nuestro cuerpo y en nuestro sistema nervioso que puede afectar a la capacidad que tenemos para regularnos y sentir seguridad. Y la falta de seguridad interna influye directamente en nuestra autoestima: es más difícil valorarnos y confiar en nuestra capacidad para enfrentarnos al mundo cuando sentimos inestabilidad y que estamos desprotegidas.

Como vimos en el capítulo anterior, Raquel se dio cuenta de que no había nada malo en ella, sino que eran las experiencias de su infancia las que habían moldeado su cerebro; algo, pues, que no había escogido. **Ella, por tanto, no tenía la culpa.** Tanto su cerebro como su sistema nervioso habían aprendido —quizá demasiado bien— a protegerla de lo que ocurría en el día a día para así poder lidiar con lo vivido. Sin embargo, había un problema: la estrategia que en su infancia la había ayudado a sobrevivir ahora, en su vida adulta, le impedía sentirse segura. Y esto es algo que escucho con mucha frecuencia en terapia.

Todas las conductas, comportamientos u otros aspectos de nuestra personalidad que nos avergüenzan o generan malestar fueron en otro momento de nuestra historia la forma que encontramos de afrontar y lidiar con el dolor emocional de las heridas.

Volvamos por un momento al capítulo 2 y, en concreto, a la lista de motivos para no quererse que me dieron algunas de mis seguidoras en redes. Algunas respuestas hacían referencia a partes protectoras que tenían comportamientos relacionados con la complacencia, la crítica, la rumiación, el perfeccionismo, la exigencia... **Había algo en el presente que las llevaba a sentirse insatisfechas, a creer que no cumplían con la imagen mental que tenían de cómo debían ser.** Sin embargo, es posible que ser exigentes y perfeccionistas las ayudara en el pasado a cumplir con las expectativas familiares y a evitar así rechazos, castigos y ser tratadas de un modo que no deseaban.

Así, por ejemplo, las personas que acuden a terapia porque su relación con la comida las hace sufrir —y por ello vomitan, se dan atracones, dejan de comer o siguen normas muy estrictas sobre lo que pueden comer y, si no las siguen, se sienten culpables— es probable que lo hagan porque en el pasado esa fuera la forma simbólica de expresar o evitar el dolor, o de llenarse de otras sensaciones distintas a las que estaban viviendo.

En la canción de Belén Aguilera que abre este capítulo, hay un verso que dice así: «Me da miedo lo fácil que vomito la ira». Esta frase me hace pensar justo en lo que estoy comentando: una conducta como el vómito es en realidad un acto de purga muy evidente, que busca compensar lo ingerido en el momento en que aparece la culpa por haber comido. Desde esta mirada, vemos que, en el pasado, esa fue quizá la salida para escapar de lo que nos ocurría. Vomitar nos permitía, de algún modo, alzar la voz cuando enfadarse y gritar no estaba permitido; nos ayudaba a sacar lo que dolía y nos habíamos tragado; nos servía para liberar la angustia y seguir fingiendo que todo estaba bien; nos ofrecía, en fin, una salida cuando no había otra manera de ser aceptada... Sin embargo, al mismo tiempo, esa conducta en la que encontramos libertad y que nos permitía escapar de situaciones dolorosas se convierte a veces en una cárcel.

Por eso, cuando en las sesiones de terapia les explico a las personas cómo funciona su sistema nervioso, no lo hago porque me considere una erudita en el tema ni para que ellas se vuelvan expertas en biología. En realidad, lo hago para **ayudarlas a entenderse y a ser más compasivas consigo mismas, para que encuentren formas actualizadas de regularse**. En definitiva, mi objetivo es que dejen de sentirse defectuosas por sus reacciones y empiecen a verlas como las respuestas normales de un sistema diseñado para protegerlas.

Quizá alguna vez has estado en terapia y le has contado a tu psicóloga algo que te había ocurrido durante la semana y, antes de seguir, ella ha hecho una pausa y te ha preguntado: «¿Y cómo te sientes?, ¿identificas alguna sensación en el cuerpo mientras hablas de ello?». Parece una pregunta sencilla, pero lo cierto es que a los psicólogos nos da muchísima información; eso sí, siempre y cuando no respondas solo «bien», como hice la primera vez que fui a terapia.

Recuerdo con mucho cariño a Carla, una paciente de treinta y seis años que, cuando le hacía esta pregunta, me miraba y negaba con la cabeza mientras decía: «No lo sé, no noto nada». Era como si, en su cuerpo, hubiera un corte de conexión entre lo que ocurría de cuello para abajo y su mente. Carla era consciente de que apretaba los dientes, le dolía la cabeza, tenía migrañas, se pasaba el día pensando en tareas pendientes, rumiaba sin cesar sobre sus relaciones e incluso sufría de insomnio algunas noches. Sin embargo, cuando le preguntaba por cómo se sentía emocionalmente y cómo lo sentía en el cuerpo, no había nada... **Solo silencio.**

Carla había aprendido a vivir en su cabeza, que nunca descansaba: organizaba, planeaba, pensaba... Cuando yo insistía y la acompañaba a identificar las sensaciones, ella sentía que expresarlas era sinónimo de fracaso: «He vuelto a tener ansiedad, esto ya no me debería de generar nada». Carla creía que el objetivo era no sentir malestar, a pesar de que en realidad lo que buscamos al reparar heridas es **regresar a la tranquilidad después de la activación**.

Buscamos encontrar herramientas que nos devuelvan al mar en calma después de la tormenta.

La teoría polivagal

Nuestro **sistema nervioso autónomo** es como el **gran centro de comunicaciones del cuerpo**: recibe la información del mundo exterior e interior y la procesa para coordinar las respuestas necesarias para poder sobrevivir, movernos, sentir y pensar.

Es el sistema que nos permite reaccionar al peligro y, luego, volver a la calma.

El sistema nervioso es como un radar: está todo el tiempo buscando y enviando señales de seguridad y peligro. Por ello, cuando algo se interpreta como una amenaza, la amígdala del cerebro (recordemos, el detector de peligro) se activa y envía, de forma inconsciente, una señal al cuerpo a través del sistema nervioso autónomo. Hasta hace solo unas décadas se creía que el sistema nervioso autónomo solo tenía dos respuestas, como si de un botón de encendido y apagado se tratase: el estado de «estrés» y el de «calma»:

- El estado de **lucha o huida**, que ante las amenazas prepara el cuerpo para defenderse o irse. Este estado lo regula el **sistema simpático**, encargado de prepararnos para una respuesta rápida ante un peligro o amenaza.
- El estado de **relajación**, que permite al cuerpo volver a la calma y restaura el equilibrio. Este estado lo gestiona el **sistema parasimpático**, responsable de funciones involuntarias y de «bajar» las revoluciones del cuerpo.

Sin embargo, todo esto cambió gracias a las aportaciones de **Stephen Porges**. Este psicólogo estadounidense desarrolló la teoría polivagal, que fue revolucionaria para el estudio del trauma. Al analizar la evolución del nervio vago (el más largo del sistema nervioso autónomo; conecta el cerebro con el corazón, los pulmones y el intestino), Porges descubrió que había más de dos respuestas, y que los mamíferos poseen un **mecanismo especial para regular la seguridad y la conexión social**.

Así, el sistema nervioso no solo respondía ante el estrés o la calma, sino que existía una respuesta de supervivencia más profunda relacionada con el colapso. Esta respuesta instintiva, en la que el **sistema nervioso se apaga para minimizar los daños**, se activa cuando no podemos ni luchar ni huir.

La naturaleza nos ofrece un ejemplo claro de esto en las zarigüeyas, que también son seres sociales. Cuando las atacan, su sistema nervioso activa la respuesta de colapso y se hacen las muertas. Su cuerpo, entonces, se queda inmóvil y libera un olor a putrefacción que hace creer a los depredadores que ya no es una presa interesante. Una vez que el engaño ha surtido efecto y el peligro ha pasado, se sacuden y tiemblan. Este acto instintivo les permite salir del estado de colapso y liberar la energía acumulada y, así, regresar a su estado habitual.

Por desgracia, nosotras no contamos con una respuesta automática similar ante una amenaza y, si nadie nos enseña a «sacudirnos» una vez que ya no hay peligro, **podemos quedarnos atrapadas en el colapso a largo plazo, tanto física como emocionalmente**. Permanecemos, así, atrapadas en una sensación de vacío, en la que no sentimos nada, o de estar viviendo nuestra vida como un personaje secundario; **estados que va-**

rían según cómo cada persona procesa el trauma. Por ello, si no aprendemos a regular nuestras emociones y nuestro cuerpo, **podemos perpetuar esta situación**, lo que afecta a nuestro bienestar y autoestima.

Está en nuestra mano aprender a salir del colapso de manera consciente y respetuosa con nosotras mismas.

Es por eso por lo que a Carla un día, en terapia, la animé a sacudirse como si fuera un perro mojado que se quita el agua y otro día le pedí que bailase al ritmo de *Jerusalema*, aunque le diera un poco vergüenza (pero no te creas que yo me quedé mirando; también bailaba con ella). Y es que algunas actividades que involucran el movimiento consciente (como sacudirse o bailar) ayudan a liberar la energía acumulada en el sistema nervioso y promueven la vuelta a un estado de calma y equilibrio. Cuando salimos de estados de supervivencia, no solo mejoramos nuestra capacidad de afrontamiento, sino que fortalecemos nuestra sensación de seguridad, pues encontramos un espacio donde sentirnos capaces y valoradas.

A todas las personas se nos pueden activar cualquiera de las tres respuestas para afrontar la amenaza. Sin embargo, para quienes han experimentado un trauma, **la dificultad reside en volver a la calma**, en salir de las respuestas de supervivencia, como la lucha, la huida o la congelación, y de la desregulación emocional. Pero hay esperanza: el cuerpo contiene los mecanismos necesarios para restaurar el equilibrio.

Nuestra escalera de respuestas

Para hacer frente a las posibles amenazas, nuestro sistema se rige por un «protocolo de respuesta» organizado. Este, según **Deb Dana**, trabajadora social clínica y destacada escritora que se centra en aplicar la teoría polivagal para entender y abordar el impacto del trauma, toma la forma de una escalera.

En la parte de arriba, se encuentra la **rama parasimpática**, que gestiona todo lo relacionado con conexión social. Esta es la primera en responder, y trata de no activar la simpática, que exige un coste energético mucho mayor. En esta parte de la escalera, nuestro sistema nervioso busca una solución a través de la conexión social. Por eso, recurrimos a personas que son como un abrazo para nosotras. Se habla, se busca ayuda.

Pero esta ayuda no siempre aparece. Si este es el caso, o si la ayuda no es suficiente, se activa entonces el **sistema simpático**. Y, al perder la seguridad, comienza la movilización para luchar o huir, según requiera la amenaza. Si estas respuestas tienen éxito, se reduce el nivel de alerta y se metabolizan las sustancias neuroquímicas que han provocado el pánico, es decir, la adrenalina o el cortisol, entre otras, y que se han liberado durante el estado de alerta.

Sin embargo, si ni la rama parasimpática (la conexión social) ni la simpática (la de lucha/huida) consiguen ofrecernos una sensación de seguridad (ya sea real o solo percibida), se activan los circuitos de defensa menos evolucionados. En ese momento, se produce **el colapso**: la inmovilización y, en ocasiones, la apnea (el cese de la respiración) con bradicardia (el corazón late más lento). Ante el miedo, el cuerpo se apaga, colapsa, «se hace el muerto».

Este descenso por la escalera del sistema nervioso nos muestra cómo el cuerpo responde de forma organizada y jerárquica ante la amenaza. Así pues, prioriza primero la conexión, luego la acción y, finalmente, la desconexión como último recurso de supervivencia.

Comprender este patrón es clave para reconocer cuándo nuestro estado es de equilibrio y seguridad y cuándo lo hemos perdido.

En este punto entra en juego otro concepto que nos ayudará a identificar los márgenes dentro de los cuales nuestro sistema puede gestionar el estrés sin desbordarse ni apagarse.

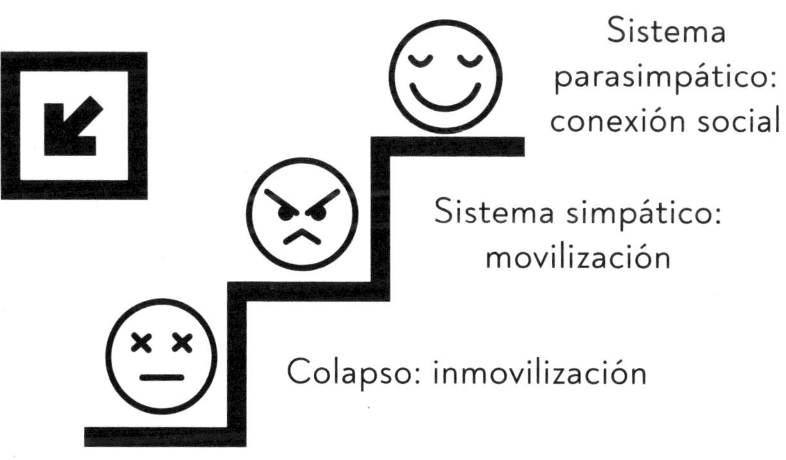

En nuestra ventana de tolerancia

Según como fueran nuestras experiencias tempranas, es posible que un pequeño contratiempo al iniciar el día nos lo fastidie entero.

Imagina que es sábado por la mañana, te has levantado y te estás preparando con ilusión para una cita importante con alguien a quien estás conociendo. Te sientes bien contigo misma y llegas a tiempo, pero, justo entonces, la otra persona te avisa de que no podrá ir. Para algunas personas, esto será decepcionante, pero seguirán adelante con el día. Sin embargo, para otras, **esta situación puede desencadenar una profunda sensación de dolor y dar pie a una narrativa interna del estilo: «No valgo la pena» o «Claro, ¿quién querría pasar tiempo conmigo?»**.

La reacción tan intensa que puedes llegar a experimentar no se debe simplemente a que tienes una autoestima baja, sino a que ese evento ha sobrepasado los límites de la ventana de tolerancia de tu sistema nervioso. Cuando esto ocurre, el cerebro ya no es capaz de diferenciar entre un hecho aislado del presente y las heridas emocionales del pasado que quedaron sin elaborar. Esta narrativa es más neurobiológica que racional, y surge como una forma de explicar por qué no logramos la conexión o la seguridad que necesitábamos. Y, con el tiempo, frases como «Otra vez no he sido suficiente» se vuelven parte de nuestra voz interna.

La ventana de tolerancia es un concepto desarrollado por el psiquiatra y escritor estadounidense Daniel Siegel que nos permite entender cómo respondemos ante las amenazas del día a día y de qué manera afrontamos el estrés de manera óptima, sin comprometer en exceso nuestro sistema nervioso. Cuando nos encontramos dentro de esta ventana metafórica, podemos **pensar con claridad y regular nuestras emociones** para responder con flexibilidad a las situaciones adversas sin sentirnos abrumadas ni desconectadas.

> Mantenernos dentro de la ventana de tolerancia significa que nuestro sistema nervioso puede manejar el estrés sin desregularse.

Sin embargo, el trauma lleva a que las personas suelan tener una ventana más estrecha, por lo que su sistema nervioso se desregulará con mayor facilidad y entrará en estados de **hiperactivación** o **hipoactivación**. Esto ocurre porque su sistema nervioso ha tenido que adaptarse, de forma repetida o prolongada, a situaciones peligrosas —o que percibía como tales—, muchas veces desde etapas tempranas.

Por ejemplo, la hiperactivación puede deberse a que, de pequeñas, todas las noches oíamos discusiones y fuertes gritos. Eso nos llevó a vivir en una alerta constante, por lo que nos volvemos más sensibles a los ruidos y podemos tener dificultades para dormir, así como la sensación de que «algo malo pasará». Por eso, cuando de adultas recibimos un mensaje con un tono seco o ambiguo, se puede activar nuestra sensación interna de amenaza. Entonces, nuestro sistema entra en pánico: imaginamos que hemos hecho algo mal, sentimos ansiedad y empezamos a rumiar cómo responder.

En el caso de la hipoactivación, podría manifestarse en que, al recibir hoy una crítica, notamos que nuestro cuerpo se apaga. Esto, sin embargo, no se debe a la indiferencia, sino que es un mecanismo de protección, cuyo origen podríamos encontrar en que de pequeñas nos castigaban por montar un escándalo cuando llorábamos y nos frustrábamos. Como consecuencia, para evitar el rechazo, aprendimos a parecer muy tranquilas, cuando en realidad nos desconectábamos de nuestras emociones.

Me gusta comparar nuestra ventana de tolerancia y nuestra capacidad de sostener la incomodidad con los distintos efectos de una gota de aceite según en la superficie que caiga. Si cae en un papel de cocina, el líquido se extiende rápidamente y lo impregna todo. Sin embargo, si esa misma gota cae sobre una superficie de mármol, permanece aislada, lo que permite que otras zonas queden libres de aceite.

Imagina que, antes de entrar a realizar una presentación, una compañera te hace un comentario crítico. Si dispones de una gran capacidad de autoregulación y con una ventana de tolerancia amplia, respirarás antes de empezar y te tomarás un momento para conectar con la seguridad que has perdido con el comentario, lo que alimentará tu sentimiento de valía y autoestima. Así que es probable que pienses: «Ese comentario no ha estado bien, qué tía más desagradable. Pero, venga, puedo hacerlo bien, porque me lo he preparado y tengo confianza en mí misma más allá de lo que otros digan de mí». En cambio, si eres una persona más insegura y con una ventana de tolerancia más estrecha, entrarás a la sala pendiente de la reacción de tu compañera, y te costará concentrarte para explicar todo lo que querías. De hecho, incluso es posible que busques una excusa para evitar la presentación.

Una misma situación puede ser manejable o desbordante según cómo nuestro sistema nervioso esté configurado y cómo hayamos aprendido a regularlo.

Así pues, un comentario, una crítica externa o un ataque a nuestra valía pueden sostenerse mejor si contamos con las herramientas necesarias para autoregularnos y darnos la seguridad que nos merecemos.

Autoregular el sistema nervioso significa ayudar al cuerpo a volver a un estado de calma y seguridad después de activarse. Sería como decirle al cuerpo: **«Estoy aquí, ya no estás en peligro»**. Y, aunque aquí me refiero al cuerpo, lo cierto es que así le hablo yo a mi niña interior, y hago lo mismo con las niñas de las personas a las que acompaño. Según lo que cada niña necesite, puedo ayudarla a subir el volumen de lo que siente para que pueda expresarlo y sepa que puede contar conmigo como testigo de sus experiencias, o bien puedo ayudarla a bajar la intensidad para que se sienta capaz de sostener ese dolor tan grande y, luego, pueda volver a la calma.

EJERCICIO

Tómate unos instantes para estar en calma y reflexionar. ¿Qué actividades o recursos te ayudan a sentirte más segura y conectada?
Después de lo que has leído, ¿cuál crees que es la tendencia de tu ventana de tolerancia?

....

....

....

....

....

....

Las respuestas del sistema nervioso en el día a día: la historia de Carla

Era viernes por la noche y Carla había quedado con su pareja que, cuando llegase del trabajo, irían a cenar juntos. De lunes a jueves estaban cansados, y esa semana habían compartido pocos momentos de calidad, así que esa sería su noche especial.

Después de pasar todo el día sentada en la oficina, Carla llegó a casa, aunque todavía faltaba mucho para la cena. Le habría gustado que su pareja llegase pronto y pudieran aprovechar la tarde: salir a pasear, sentir los últimos rayos de sol del día, hablar y pasar más tiempo juntos.

Sin embargo, cuando su pareja salió de trabajar, le dijo que, antes de ir a cenar con ella, iba a tomar algo con los compañeros y que la mantendría informada. En ese momento, el sistema nervioso de **Carla se activó, pues detectó una posible amenaza de abandono, y entró en un colapso parcial (donde hay desconexión emocional sin inmovilización total)**. Sintió que de repente se apagaba y se activaba una parte más complaciente. Él la había decepcionado, pero solo le respondió, inexpresiva: «Ah, vale, cariño, sin problema. Ya me vas diciendo. Nos vemos luego, te quiero». En cuanto hubo respondido, se tiró al sofá a leer otros mensajes y a ver vídeos en el móvil durante un rato.

<u>Veamos ahora la teoría detrás de su comportamiento.</u> La primera reacción de Carla ante el mensaje de su pareja es intentar regularse con una respuesta tranquila. Su «Ah, vale, sin problema» muestra un intento de conexión social: mantiene la comunicación sin dejar que la situación escale en un conflicto, pues no quiere perder la seguridad.

Sin embargo, el colapso se produce porque, cuando recibe el mensaje, una parte de ella se siente decepcionada y se activa emocionalmente. Así, aunque su respuesta sea tranquila, en realidad no ha procesado la emoción, y eso provoca una hiperactivación interna. **Carla siente estrés porque algo importante para ella se ha pospuesto, lo que activa la sensación de amenaza en su sistema nervioso** (no ser suficientemente importante).

El colapso que siente Carla es, no obstante, parcial, pues no se da una inmovilización total. Sin embargo, sí que se tumba en el sofá y se desconecta viendo vídeos. Como no ha logrado protegerse emocionalmente de la situación, su sistema nervioso la lleva a una reacción de desconexión.

Este ejemplo ilustra cómo la ventana de tolerancia de una persona puede desregularse, lo que puede ocurrir incluso cuando intentamos mantener la calma desde un lugar más mental que corporal, como hizo Carla. La razón es que el sistema nervioso está trabajando en un nivel más profundo, procesando su miedo al abandono de una forma que no siempre es visible.

Aunque Carla no pudo evitar que su sistema nervioso reaccionara de este modo, sí que puede ser consciente de lo que está pasando. Por eso, reconocer lo que siente en el cuerpo (el dolor, la decepción) le permitiría tomar decisiones más alineadas con ella, como ser amable consigo misma, y entendería que lo que siente es una respuesta normal ante una situación que la hizo sentir vulnerable. Entonces, desde esa compasión, podría encontrar una forma de volver a la calma, tanto en su cuerpo como en sus relaciones.

Para integrar algunos de los conceptos que hemos visto, te

quiero señalar que el estado de conexión del sistema nervioso, al igual que la ventana de tolerancia, se parecen mucho al *self* del modelo de la familia interna que ya hemos visto, esa esencia que nos permite sentir calma, conexión, curiosidad...

Pero ¿cómo habría sido reaccionar desde otros estados del sistema nervioso?

Cuando hay un cambio de planes y percibimos una amenaza de abandono, pueden darse distintas respuestas automáticas dependiendo de cómo interpretemos la situación y de los recursos que tengamos para regularnos. Eso no quiere decir que todas tus respuestas, si no te sientes segura en una relación, sean porque tu sistema nervioso no sabe volver a la calma. A veces, puede ser que esa relación no sea segura, por lo que tu respuesta emocional es completamente apropiada a la situación y una reacción legítima ante algo que en verdad te afecta. Así que no, **no todas las respuestas ante situaciones difíciles son causadas por una desregulación del sistema nervioso**. Sin embargo, a continuación, quiero mostrarte las distintas formas de responder.

Imagina que, en esa conversación con su pareja, Carla tratara de mantener la claridad y recuperar la seguridad perdida por la decepción. Es posible que, desde un estado regulado, en conexión, desde el *self*, le dijera: «Oye, cariño, ¿y sabes cuándo vendrás para la cena? Así puedo salir un rato yo también, y nos vemos a las ocho en casa. Pásalo bien, hasta luego». En este supuesto, Carla también se siente decepcionada, pero puede afrontarlo sin perder la sensación de seguridad. Así, su sistema nervioso es capaz de recuperarse y volver a un estado más tranquilo, de modo que evita quedarse atascado en una respuesta de supervivencia y deja de reaccionar de forma extrema ante el estrés, la incomodidad o el dolor.

En cambio, si Carla hubiera estado atrapada en una **respuesta de lucha**, sin la seguridad para salir de ahí, su sistema nervioso habría interpretado la situación de otro modo: su pareja no la priorizaba, había perdido el interés y era posible que la rechazara. La decepción la habría hecho sentirse pequeña e inferior, por lo que habría tenido la necesidad de defenderse para recuperar el control y protegerse, y así evitar ser herida y sentirse abandonada. Desde este estado, tal vez su mensaje habría sido así: «¿En serio? Siempre pones a todo el mundo antes que a mí. Pues haz lo que quieras, pero yo esta noche también haré otros planes. ¿Cómo te sentirías tú si yo te hiciera esto?».

Por otro lado, si estuviera atrapada en una **respuesta de huida**, su respuesta sería alejarse para evitar el dolor. Así, no confrontaría directamente a su pareja, pero tampoco se quedaría esperando. En este caso, buscaría una distracción para no sentir el abandono, y su respuesta sería algo como: «Ah, ok, pues voy a decirle a alguna amiga de salir, y no sé si llegaré a la cena».

Si, finalmente, hubiera reaccionado desde un estado de **colapso total o congelación**, se habría apagado por completo al sentir que la amenaza era demasiado grande para manejarla. Así pues, habría leído el mensaje, pero no habría respondido y se habría terminado quedándose dormida con tal de no pensar. En definitiva, se habría rendido buscando la manera de expresar lo que sentía o de encontrar una alternativa para la cita cancelada.

Aunque la huida también puede parecerse al colapso porque ambos implican distanciamiento, la diferencia reside en el nivel de energía y activación del sistema nervioso. La huida es una respuesta más activa que el colapso, pues en esta la persona quiere escapar del malestar haciendo algo, mientras que en el colapso se da un apagón total.

Como ves, las respuestas del sistema nervioso se parecen mucho a nuestras partes protectoras, de las que te hablé en el capítulo 1. Por un lado, están los mánagers, que nos mantienen en movimiento y enfocadas en la acción para evitar que sintamos malestar, y, por otro, los bomberos, que buscan distraernos para alejarnos del dolor.

Saber cómo funciona nuestro sistema nervioso y ser conscientes de nuestras respuestas automáticas es una poderosa herramienta para trabajar nuestra autoestima.

Cuando entendemos cómo nuestras reacciones se vinculan con nuestros miedos y emociones, podemos aprender a responder de manera más equilibrada, a no dejarnos arrastrar por nuestras partes más críticas y defensivas y empezar a liderar nuestro interior con seguridad.

¿Y para qué me sirve a mí entender esto?

Fue Carla quien contactó conmigo para empezar la terapia, pero, si hubiera sido por ella, tal vez nunca lo habría hecho. Sin embargo, su pareja se preocupaba por ella constantemente, la enfrentaba y le reclamaba manifestaciones emocionales y afectivas que Carla no podía ofrecerle, a pesar de que no sabía por qué. Ella quería mucho a su pareja, que era quien más la conocía y más feliz la hacía, pero había algo en sí misma que no entendía y que le generaba un tremendo malestar: sentía una especie de barrera emocional con sus seres queridos. Aunque se consideraba una persona cariñosa y que albergaba muy buenos sentimientos, no sabía cómo sacarlos. Era como si sus emociones estuvieran atrapadas dentro de su cuerpo.

El proceso de terapia le sirvió a Carla para entender por qué se sentía atrapada en situaciones que, en principio, solo deberían haberla disgustado. También descubrió por qué esos estados le resultaban familiares a su sistema nervioso a pesar de que no tenía recuerdos de haber vivido nada parecido en su pasado.

Pensemos por un momento en un bebé indefenso. **Cuando somos pequeños y lloramos por hambre o miedo, alguien suele acudir a calmarnos, y recibimos la presencia, el tacto, la voz de una de nuestras figuras de apego.** De esta manera, entendemos que el mundo es predecible y seguro, y nuestro sistema nervioso aprende a corregularse.

Si, por el contrario, cuando lloramos no recibimos consuelo, podemos sentir que estamos en peligro y entrar en el estado de lucha o huida. Como consecuencia, el llanto se intensifica y aumenta nuestra inquietud e irritabilidad. Interiorizamos que la seguridad se consigue a través de un estado de alerta. Por eso, en lugar de sentir calma cuando necesitamos apoyo, nuestro sistema nervioso entiende que la forma de obtener atención y protección es con la activación. Así, aprendemos que, para ser escuchadas, necesitamos hacer ruido, ya sea llorando más fuerte o mostrándonos más agitadas o irritadas.

Sin embargo, si seguimos llorando, pero nunca acude nadie, al final nos quedamos dormidas de agotamiento e interiorizamos la creencia de que no tenía sentido

pedir ayuda. Así, entramos en colapso y, aunque parezcamos un bebé tranquilo, tenemos el cuerpo en modo supervivencia porque nos hemos rendido.

Es posible que no siempre alguien acuda a nuestra llamada de atención (ya sea el llanto infantil o un mensaje de WhatsApp) y nos ayude cuando lo necesitamos. Quizá algún día tarden más en acudir —o directamente no se presenten— a brindarnos la seguridad que sentimos que hemos perdido. Pero cuando esto ocurre de manera reiterada en nuestra vida, el efecto que tiene en nuestro sistema nervioso **puede generar un patrón de respuesta constante en nuestras relaciones**.

Cuando experimentamos un trauma, debido a toda esta afectación de nuestro sistema nervioso y los estados en los que nos hemos quedado atrapados, el cuerpo ya sabe lo que es estar en los extremos, ya sea en alerta o en colapso. Por eso, **lo que el cuerpo necesita —y que es justamente lo que hacemos en terapia— es recuperar la sensación de seguridad, ser conscientes de qué nos produce bienestar y restablecer nuestro estado de conexión social**.

Es importante mencionar que la historia de Carla puede resonar contigo o, al contrario, quizá no te sientas exactamente identificada con ella. Sin embargo, **los principios sobre cómo reacciona el sistema nervioso son universales**, de modo que lo que ayuda a Carla también puede ser útil para ti, aunque sea en un contexto diferente. Por eso, en el ejercicio de abajo quiero que te tomes un momento para identificar en qué estado te encuentras o qué tipo de respuestas automáticas tienes en situaciones de estrés o de emociones intensas.

Para cerrar este apartado, debemos entender que lo que le ocurrió a Carla es solo un ejemplo de cómo nuestros cuerpos reaccionan ante situaciones que nos desbordan, incluso cuando no somos plenamente conscientes de lo que está pasando. Gracias a la terapia y a un mayor entendimiento de cómo funciona el sistema nervioso, Carla aprendió a distinguir entre lo que su cuerpo percibía como peligroso y lo que realmente era una amenaza. Esto le permitió recuperar la capacidad de sentirse segura y conectada con su pareja y, lo más importante, con ella misma. Así, su cuerpo fue capaz de registrar la sensación de calma y volver al equilibrio, lo cual es un proceso fundamental cuando se trata de sanar traumas emocionales.

EJERCICIO

¿Cómo te sientes cuando algo cambia inesperadamente? Ponte en la piel de Carla o piensa en una situación cotidiana similar y reflexiona sobre la frecuencia con la que te das este tipos de respuestas.

1. «Si no actúo ahora mismo, todo se va a desmoronar. Tengo que encontrar una respuesta YA».

☐ Siempre ☐ A menudo ☐ Algunas veces
☐ Rara vez ☐ Nunca

2. «No tiene sentido hacer nada; si intento solucionarlo, solo me voy a cansar más. Es mejor dejarlo estar».

☐ Siempre ☐ A menudo ☐ Algunas veces
☐ Rara vez ☐ Nunca

3. «Ni siquiera sé por dónde empezar, me siento tan agotada que ni quiero intentar buscar una solución».

☐ Siempre ☐ A menudo ☐ Algunas veces ☐ Rara vez ☐ Nunca

4. «Esto es difícil, pero iré a mi ritmo y trataré de anteponerme a la adversidad».

☐ Siempre ☐ A menudo ☐ Algunas veces ☐ Rara vez ☐ Nunca

Tomarte el tiempo para reflexionar sobre estas preguntas te puede ayudar a formarte una idea de cómo reacciona tu sistema nervioso. Así, puedes empezar a identificar los estados en los que te encuentras y, más importante aún, cómo podrías regularlos para sentirte más segura y en paz con tus emociones.

El pasado da sentido al presente

Carla tenía cinco años. Era un día cualquiera, pero estaba emocionada porque su padre le había prometido que jugarían juntos después de la cena. Con lo ocupado que estaba su padre y el poco tiempo que pasaban juntos, esos momentos eran muy importantes para ella, y los atesoraba como algo muy valioso.

Después de cenar, Carla se acercó a su padre, saltarina y juguetona, y le preguntó si ya era hora de jugar. Su padre, cansado y sin ni siquiera mirarla, le contestó: «No molestes, que estoy ocupado».

Carla no dijo nada. Se fue a su habitación y se metió en la cama. Sentía que algo dentro de ella se había roto. No sintió ganas de llorar, ni de enfadarse ni frustrarse; no había espacio para ello: la ausencia de su padre le había dejado claro que no había otra opción y que no tenía que insistir. No podía escapar ni reaccionar, así que no tenía demasiado sentido buscar la conexión para aliviar el malestar.

Ese fue su aprendizaje cuando solo era una niña.

Y aquello que aprendió en su primera infancia lo siguió reproduciendo en sus relaciones. De adulta, también sentía que, cuando algo le dolía, la mejor opción era callarse y tragarse el dolor. ¿Para qué iba a pedir algo si no se lo iban a dar? De este modo, Carla aprendió a no expresar nunca sus emociones a su pareja. Simplemente se retiraba y se tumbaba en el sofá sin muchas ganas de hacer nada, repitiendo la misma estrategia que en su infancia.

El problema de Carla no era de personalidad. En realidad, no era una persona fría, evitativa, distante ni pasota, como ella creía cuando veía que no podía mostrar los sentimientos de ilusión, entusiasmo o amor que sentía. Lo que ocurría era que su sistema nervioso había aprendido a responder así para paliar el dolor causado por la falta de seguridad de su infancia. Y, aunque esas partes no le dieron una seguridad real, fue la mejor manera de no añadir más dolor y así no sentir más el abandono.

Desde que nacemos, nuestro sistema nervioso se va moldeando a través de la interacción con el de las personas que nos cuidan.

Imitamos las emociones, respuestas y estados corporales de quienes nos cuidan, especialmente durante la infancia. Esto lo hacemos a través de las neuronas espejo, un tipo de neurona clave en el aprendizaje social que se activa en el cerebro cuando observamos la acción de otra persona, como si estuviéramos realizando esa acción nosotras mismas. Así, Carla absorbió los estados emocionales y de regulación de sus cuidadores.

Y es que el sistema nervioso no responde a un contexto individual, sino relacional: nuestras respuestas no dependen solo de nosotras, sino que están influenciadas por las respuestas de personas significativas durante nuestra infancia. Aunque nuestro sistema nervioso pueda tener sus propias respuestas, lo más habitual es que sean similares de algún modo a las respuestas de las personas que nos han cuidado. Por ejemplo, Carla veía que, en una situación parecida, su madre también se desconectaba, pues nunca le decía nada a su padre cuando estaba trabajando sin parar.

Gracias a la terapia, Carla aprendió que su bloqueo y su desconexión emocional no eran una parte de su personalidad de la que avergonzarse, sino una estrategia de supervivencia para evitar el rechazo que ya conocía de su infancia. Y lo hizo reconociendo sus reacciones, respetando la respuesta de supervivencia, regulando la actividad para activarse (que, en su caso, era lo que necesitaba; otras personas pueden necesitar relajarse) y reformulando su historia para darle sentido. No podía volver atrás, pero no quería seguir ahí.

El alivio que sintió Carla con esa buena noticia puedes sentirlo tú también. Tu cerebro y tu cuerpo pueden reaprender nuevas formas de sentirte segura ante el dolor, lo que permite que las heridas se integren en lugar de permanecer abiertas y que tú dejes de vivir desde ellas.

EJERCICIO

¿Cómo eran tus cuidadores? Si no lo recuerdas, ¿te imaginas cómo eran o serían hoy?

....

....

....

¿Te reconoces reaccionando de la misma forma? ¿Cómo es esa forma de reaccionar?

....

....

....

¿En qué ámbitos sientes que te ocurre más? (Laboral, contigo misma, amistad, pareja, momento vital...).

....

....

....

5

¿QUIÉN SOY YO ENTONCES? DE LA PROTECCIÓN A LA PÉRDIDA

> Aprenderás a convivir con las partes menos bellas que hay en ti.
>
> RIGOBERTA BANDINI, «Aprenderás»

En estas páginas estamos construyendo puentes y revisando la relación entre las experiencias del pasado y las huellas que dejan en el presente y en la persona que realmente somos, reconociendo lo que esto implica. Estamos aprendiendo, pues, a vernos tal y como somos. Sin embargo, cuando empezamos a entender que lo que hoy nos ocurre tiene un origen lejano y complejo, surgen muchas dudas. Y, entre ellas, encontramos la pregunta estrella...

¿Y ahora qué hago con todo esto que sé?

En terapia, cuando llegamos a este punto y por fin entendemos cómo se han construido nuestra identidad y nuestra autoestima, no solemos experimentar una catarsis, **no lo sentimos como una liberación inmediata**. Al contrario, a menudo lo primero que aparece es una sensación de pérdida e incluso de vértigo.

La primera pérdida tiene que ver con la incertidumbre de no saber quién seríamos sin las experiencias que nos han moldeado. Nos preguntamos cómo seríamos si no cargásemos con esas heridas. Tras este malestar, la segunda pérdida es todavía más desafiante, pues **nos enfrentamos al desconocimiento de quiénes somos realmente** bajo todas las capas de protección que hasta ahora creíamos que nos definían.

Esto es lo que le ocurrió a Marisa, una paciente de treinta y cuatro años a la que conocía desde hacía varios años. Había comenzado la terapia porque, al iniciar una nueva relación de pareja, habían aflorado algunas heridas, como inseguridades y una baja autoestima, que ella creía ya cicatrizadas. Eso había provocado una dinámica de control por su parte que dificultaba la calma en su vínculo, y, aunque **sabía que no quería relacionarse desde ahí, no sabía cómo hacerlo de otra manera.**

A estas alturas, no será una sorpresa para ti que te diga que, para entender la dinámica que le generaba tanto malestar, no podía abordar el problema de manera aislada. Al contrario, era necesario comprender muchas más cosas de Marisa; entre ellas, debía descubrir en qué otras relaciones el control había sido la forma de asegurarse cierta tranquilidad.

Recuerdo las lágrimas de Marisa cuando exploramos su historia pasada y se dio cuenta de que le habían arrebatado lo más preciado: la posibilidad de ser quien realmente era. Sus experiencias relacionales anteriores le habían impedido saber quién era de verdad, y lo que conocía de sí misma no le gustaba. **«No**

quiero ser controladora, pero no sé cómo dejar de serlo», me decía una y otra vez.

Gracias al trabajo de terapia, Marisa comprendió que **esa parte controladora no era su esencia**, sino **su forma de protegerse ante la incertidumbre de las relaciones**. El control no expresaba la totalidad de su personalidad auténtica, pues no quería relacionarse desde ahí. Sin embargo, no sabía cómo hacerlo de otro modo, y se preguntaba qué le ocurriría si no se mostraba controladora en la relación.

Habitualmente, cuando encontramos una parte de nosotras que no nos gusta en absoluto, la rechazamos. Por eso, solemos actuar como un péndulo en busca del centro, y pasamos de un extremo a otro mientras tratamos de equilibrar nuestra dinámica, un proceso que requiere de tiempo y trabajo. Así, Marisa pasó del control a la pasividad absoluta.

Si, como ella, hemos estado siempre pendientes de lo que ocurre, organizando, exigiéndonos y asegurándonos de mantener todo, en cualquier ámbito de nuestra vida, bajo control, la reacción más inmediata es obligarnos a «soltar el control». Entonces, nos obligamos a relajarnos y dejar que «todo fluya», nos forzamos a dejar de necesitar respuestas y a callarnos para ya no pedir ni organizar… Pero, aunque en la superficie parezca que ya no actuamos desde nuestra parte controladora, lo cierto es que esta alternativa tampoco ha aliviado el sufrimiento.

Marisa quería entender por qué su parte controladora aún seguía ahí si ya se había dado cuenta de que no quería mostrarse así y de que le dolía hacerlo. Sin embargo, su sistema interno no había aprendido otra forma de sentirse segura en una relación. Era como si esa parte de sí misma le dijese: «Si no controlo, nos van a volver a herir. No tengo otra manera de protegernos».

Lo que Marisa no sabía y tenía que aprender era que soltar el control no significaba desaparecer de la relación. En cambio, implicaba habitar la incertidumbre sin sentir que ponía en riesgo su identidad o su seguridad. Pero, para ella, la posibilidad de «dejarse llevar» era aterradora, ya que no conocía otra forma de relacionarse. Toda su vida había creído que, para sentirse segura, debía mantenerlo todo bajo control (algo realmente imposible). Por eso, si un lunes no sabía qué haría el siguiente domingo, se angustiaba, y, si su pareja le decía que le confirmaría el plan el jueves, su mente entraba en estado de alerta.

Y esto nos lleva de nuevo a la pregunta con la que abríamos este apartado:

¿Y ahora qué hago con todo esto que sé?

La respuesta es sentirlo, atravesarlo, transitarlo... Permitirte vivir el duelo de lo que no tuviste y te ha llevado hasta aquí; entender que lo que has aprendido tal vez no es lo que quieres hoy para ti.

Para Marisa, que estaba acostumbrada a anticiparlo todo, fue angustioso —y a la vez liberador— aprender a no hacer nada con su malestar, más allá de permitirse sentirlo. Su principal problema era que no daba espacio a lo que sentía, ni siquiera a lo agradable. Así que, para ella, la relación era una secuencia rígida, como una coreografía sin ritmo...

Y es que estamos tan acostumbradas a «tener que hacer algo» con lo que nos ocurre, con aquellas partes de nosotras que no nos gustan, que nos vemos obligadas a buscar de inmediato una solución para la incomodidad. No obstante, lo cierto es que lo más sano es, siempre, **darnos permiso para sentir**.

¿Estás triste? Escribe.
¿Estás enfadada? Grita.
¿Estás asustada? Háblalo.

En este instante, me gustaría que cerrases los ojos y te imaginaras que estoy a tu lado, cogiéndote de las manos y mirándote a los ojos, diciéndote: «No hagas nada, de momento, con aquello que te duele. Solo quédate ahí, dale espacio. Te prometo que vas a poder con ello». En esta vida, parece que todo son tareas para «dejar de», aunque, a veces, lo único que tenemos que hacer es **permitirnos sentir.**

EJERCICIO

Date permiso para sentir; estás aquí para ti.

Piensa en un lugar, persona o situación que te transmita calma, seguridad o ternura. Puede ser real o imaginario: una playa tranquila, el abrazo de alguien querido, un rayo de sol en una tarde de invierno, una manta suave... Piensa en una imagen que te haga sentir un poquito mejor.

Cierra los ojos (si te sientes bien con ello) y visualiza esa imagen o sensación. Respira suavemente mientras la sostienes en tu mente. Permítete quedarte ahí unos instantes, sin prisa, y recuérdate:

- «No tengo que hacer nada ahora».
- «Puedo quedarme aquí conmigo, de momento».

- «Es seguro no saber todavía qué hacer».
- «Estoy aprendiendo a estar conmigo, sin exigencias».

A continuación, haz algo pequeño que te conecte con el cuidado: acaríciate, abrázate, ponte una mano en el pecho, toma un sorbo de agua, cúbrete con una manta. Algo que le diga a tu cuerpo: «Todo está bien por ahora».

Cuando intentamos encontrarnos y nos perdemos

Mientras escribía este capítulo, una conversación con Cristina, mi editora, me llevó a reflexionar sobre un concepto literario que desconocía —la diferencia entre autoras «brújula» y «mapa»— y que conectaba con mis hallazgos sobre los extremos. Quizá este desvío no te interesa, pero, como este libro va de mostrarse tal cual somos, quiero compartirlo contigo.

La charla surgió a raíz de un festival de literatura romántica en Barcelona al que asistí. En varias charlas con escritoras, al hablar sobre su proceso creativo, se repetía una pregunta que me llamó mucho la atención: «¿Te consideras una autora brújula o mapa?». Me explicaron que una autora brújula es aquella que inicia la escritura de un libro desde la inspiración y, a partir de ahí, va construyendo el relato, sin apenas trabajar su idea principal. Así, aunque sabe dónde empieza el viaje, no tiene del todo claro cuál será su destino. Por el contrario, antes de iniciar el proceso de escritura, la autora mapa ya ha realizado un trabajo previo de construcción de la trama, el universo, los personajes o la estructura. Es decir, planifica la obra de antemano, y esa organización le sirve de guía durante la escritura del libro.

Entendí entonces parte de mi proceso creativo, también con este libro que tienes en las manos. Aunque no escriba novela, la distinción me pareció aplicable a mí misma, así que le pregunté a mi editora qué tipo de autora creía que era yo. ¿Su respuesta? Sorprendentemente, soy un mix: muy organizada y cumplidora con lo establecido y acordado, pero también capaz de dejarse llevar y escribir desde la inspiración y de adaptarse a los cambios necesarios.

Entre risas, le comenté que me parecía curioso que me viera organizada, pues ya confesé en el primer capítulo que mi esencia no era esa (acuérdate de la ropa del armario...). Sin embargo, es cierto que el otro extremo, el más absoluto caos, tampoco me define por completo.

Durante un tiempo me identificaba con una u otra forma; no me veía como un todo en el que podían convivir ambas cosas, el orden y el desorden, la calma y la angustia. Como no conocía todas mis versiones, solo quería quedarme con una de ellas, la que me pareciera mejor en cada momento. Sin embargo, aunque uno de los extremos me pueda definir en un periodo vital determinado (el contexto determina fuertemente qué partes de nosotras salen a la superficie), **quizá lo importante no es saber quién soy en realidad**, si una u otra. Lo relevante tal vez sea, pues, saber si me conviene ser de ese modo, si me funciona, si me da calma, **si siendo así me siento más a gusto conmigo misma**... Sin duda, esta es una de las cuestiones más importantes cuando tratamos de conocernos o reconocernos después de la pérdida.

Cuando atravesamos épocas marcadas por uno de los extremos, poder ser el opuesto se siente liberador, como si nos hubiéramos aflojado el cinturón que llevábamos demasiado ceñido.

Nos han hecho creer que, para dejar de ser de una determinada manera, debemos convertirnos en todo lo contrario.

¿Alguna vez has escuchado alguna de estas frases?

- «Eres muy controladora; tienes que dejarte llevar y dejar que todo fluya».
- «Eres demasiado sensible; no tienes que dejar que las cosas te afecten tanto».
- «En tu lugar, ya no esperaría nada. Así no te decepcionas al ver que no te dan lo mismo que tú ofreces».
- «Eres demasiado buena, te falta un poco de maldad para que no te tomen el pelo».

Y entonces, en nuestra búsqueda del equilibrio, caemos en otro desequilibrio: nos vamos al otro extremo. **Seguro que sabes de lo que hablo.** Cada semana lo escucho en mis sesiones: personas que no se reconocen porque eran muy exigentes y no fallaban nunca y ahora procrastinan y dejan tareas pendientes para el día siguiente; personas que sienten apatía y, para volver a activarse, se confeccionan un horario imposible de cumplir; personas que nunca ponían límites y ahora no renuncian a ninguna discusión; personas que siempre saltaban a la primera y ahora no dicen nada; personas muy cuidadoras en sus relaciones que ahora no quieren relacionarse con nadie...

Todas ellas son personas tratando de encontrarse, tratando de ser.

Escribo esto y me emociona pensar en ellas, en todas las personas que he acompañado. Atravesar esta parte del camino conlleva sufrimiento, pero, cuando se consigue estar cerca de la autenticidad y no esconderse, también nos permite vivir la libertad. **Eso es lo que deseo también para ti.**

Si alguna vez te has sentido así, quiero decirte algo importante: los extremos aparecerán, y es normal. Sin embargo, recuerda que no se trata de elegir uno u otro, sino de encontrar un punto de encuentro y diálogo entre ambos extremos que te haga sentir en paz.

Volvamos a la historia de Marisa, que es un claro ejemplo de cómo a veces pasamos de un lado a otro, como hemos visto. La terapia psicológica en la que trabajamos juntas le permitió entender que el control no era innato, sino algo que había aprendido y que, por tanto, podía desaprender. Pero no sabía cómo, y la única manera de superarlo que se le ocurría era eliminarlo.

Durante años, para sentirse segura en una relación, había necesitado tenerlo todo bajo control: saber con anticipación qué harían el fin de semana, asegurarse de que todo estuviera claro, anticipar respuestas o entender cada gesto de su pareja, porque no hacerlo le provocaba angustia. Cuando empezó a trabajar en sí misma en las sesiones, se dio cuenta de que el control no la hacía feliz. Sabía, pues, que no quería vivir así, pero, como todavía no conocía a su parte controladora, hizo lo contrario: se obligó a no pedir, a no preguntar, a no anticipar nada. Y entonces, en lugar de sentirse libre, se sintió todavía más perdida. Su mente seguía en alerta, pero ahora sin una salida: **sentía que el control ya no era una opción, pero aún no tenía una alternativa**.

Ya no exigía respuestas, pero por dentro la incertidumbre la consumía. Se repetía: «No me voy a preocupar ni a controlar; voy a dejar que fluya». Ante sus amigas, Marisa expresaba su propósito, y estas aplaudían su fortaleza de confiar frente al control. No obstante, en su interior sentía que se traicionaba a sí misma y que, en el fondo, todavía no podía ser ella de verdad.

En realidad, no había aprendido a confiar en la relación o en sí misma, sino que había empezado a reprimir lo que sentía.

¿Cómo regreso a mi esencia sin caer en los extremos?

Para contestar a esta pregunta, vamos a hacernos otra: **¿cómo me protejo de la lluvia sin paraguas?** Será difícil, por no decir imposible, sin un objeto o recurso que te ayude a hacerlo, ¿verdad? De la misma manera, mantenerte tooodo el rato en el punto medio sin contar con las herramientas necesarias será una tarea titánica. Lo que te ayudará a protegerte de los extremos será tu paraguas emocional: **comprender la función de tus partes protectoras** (como el control) **y saber qué parte exiliada** (esa parte más vulnerable que carga con las heridas de dolor o rechazo) **están tratando de proteger**.

Tu paraguas será la regulación emocional y la confianza, nada más y nada menos.

Regular tus emociones no significa que no aparezcan, que no sientas incomodidad y que dejen de existir los detonantes emocionales —aquellos estímulos que activan una respuesta intensa—, sino que, cuando afloran, confías en tu capacidad de sostenerte o de pedir ayuda para que te sostengan.

En las sesiones de terapia con Marisa, también aparecía su parte controladora, que a mí me enternecía mucho. Entonces, en vez de luchar contra ella, la señalábamos, le dábamos la bienvenida a la sesión y le pedíamos que nos explicase más cosas sobre ella. Esa parte de Marisa, que le había servido para no sentir el abandono emocional, llevaba con ella prácticamente desde que era muy pequeña, y, si dejaba de controlar, sentía que volvía a estar sola ante el peligro.

Marisa no solo me hablaba de su parte controladora, sino que en muchas ocasiones la «interpretaba». En terapia, el ejemplo más claro era que buscaba la transformación y la sanación pasando de puntillas por la emoción... Quería saber «exactamente» cómo funcionaba la terapia, cuál sería el siguiente paso, conocer estrategias... También hacía preguntas como: «¿Y ahora qué hago con todo esto que sé?» y se juzgaba por no avanzar «lo suficientemente rápido» en terapia o por sentirse «todavía» de una manera determinada, porque, según ella, tendría que haberlo superado ya...

En terapia, sentía una constante necesidad de «hacer algo» para no quedarse atrapada en la sensación de vulnerabilidad que le generaba incomodidad.

Marisa siempre había sido de las que necesitaban tenerlo todo atado, lo que se traducía en preguntas constantes, intentar prever cualquier cambio de planes o querer saber exactamente qué pensaba o sentía su pareja. **No era intensidad, sino necesidad; la de su niña interior**, que había aprendido que la incertidumbre no era buena.

Al principio de la terapia, Marisa no entendía por qué su manera de actuar afectaba tanto a su relación. «Es normal querer organizarse, ¿no? No quiero que me dejen tirada en el último momento», argumentaba. Y sí, es normal, pero **en su voz había una urgencia que no hablaba de organización, sino de inseguridad**.

Al echar la vista atrás, a su infancia, vimos que la sensación de «estar sola ante el peligro» se repetía con frecuencia: su madre tenía cambios de humor impredecibles, y su padre, aunque estaba presente, era distante y no se daba cuenta de lo que Marisa necesitaba.

Nunca sabía qué versión de ellos encontraría al llegar del colegio, así que, sin darse cuenta, apareció en ella una parte controladora que la ayudó a lidiar con ello. Creía que, **si lograba anticiparse a todo, podría evitar el dolor**. Si sabía de qué humor estaría su madre, si podía prever qué cosas le molestaban a su padre, tal vez no habría gritos, tal vez todo estaría bien, tal vez podrían estar los tres juntos y pasar un buen rato, tal vez estarían sonrientes y de buen humor...

Sin embargo, en su relación actual, el control que antes la había protegido ahora le estaba costando la calma. Pero, **en su mente, soltar el control no significaba confiar, sino quedarse indefensa, sentirse invisible**. Así, cuando Marisa no controlaba, volvía a ser una niña asustada, sumida en la incertidumbre, esperando a ver de qué humor estaría ese día su familia.

Ese fue el verdadero punto de inflexión.

Entonces entendió que su esencia no estaba en el control, pero tampoco en la indiferencia. Lo que realmente necesitaba era aprender a sostener la incertidumbre sin que eso significara para ella peligro de abandono.

El verdadero cambio no llegó, pues, cuando dejó de controlar, sino cuando fue capaz de reconocer el origen del control y detectar los detonantes.

Esto se hizo evidente para ella un día en que su pareja le dijo: «No sé si el domingo estaré cansado después de toda la semana y podré ir a la comida con tus amigos. Te aviso el viernes en función del horario». Antes, si no hubiera obtenido una respuesta de inmediato, Marisa habría sentido que algo andaba mal y habría optado por decidir por los dos o por dejar de ir también ella. Sin embargo, después de las sesiones, hubo un día en que no hizo nada más que respirar su ansiedad. No fingió que no le importaba y tampoco exigió nada, sino que, con confianza, expresó lo que necesitaba: «Vale, yo iré igualmente, pero me gustaría que vinieras, así que dime algo cuando estés seguro». Y respiró. Su ansiedad estaba ahí, claro, pero ahora podía sostenerla.

Y con esa respuesta, que escuchaba ambos extremos, pero decidía desde el punto medio, desde su *self*, por primera vez en mucho tiempo, se sintió realmente libre.

EJERCICIO

Quizá, como Marisa, tú también tienes una parte controladora a la que necesitas mirar con amabilidad, sin juzgarla ni querer cambiarla, solo para conocerla. Puedes empezar así para acercarte a ella: «Hay una parte de mí que necesita tenerlo todo previsto. Hoy no quiero pelearme con ella, solo quiero entenderla un poco mejor».

Piensa en una situación reciente en la que sentiste la necesidad de controlar o anticiparte a algo (una conversación, una respuesta, una situación incierta). Descríbela a continuación:

....

....

....

Ahora, completa la siguiente frase con tus propias palabras, sin juzgarte: «En ese momento, sentí que necesitaba tenerlo todo claro/controlado porque...».

....

....

....

(Por ejemplo: «En ese momento, sentí que necesitaba tenerlo todo claro porque quería que las cosas salieran bien»).

Después, intenta responder a la siguiente pregunta: ¿y qué pasa si las cosas no salen como esperas?

....

....

....

....

El punto medio: entablar un diálogo entre opuestos

El punto medio no es algo inflexible, o al menos yo no lo percibo así. Estamos hechas también de nuestras partes extremas. Por ejemplo, cuando empiezo a darme cuenta de que tengo una parte salvadora en mis relaciones, quiero dejar de hacerlo. No obstante, no me puedo pedir ser una persona del todo ajena al aspecto social. Así que elijo quedarme con lo mejor de ese extremo: el cuidado y la importancia que da a las relaciones. Por eso, sé que es normal que sea observadora y detallista, y entiendo que por ese motivo, cuando alguien viene a mi casa, me gusta tener en cuenta sus gustos y así saber qué bebida ofrecerle. Eso, sin embargo, no significa que siempre tenga que poner las necesidades de los demás por delante de las mías o que no pueda expresar mis límites. En definitiva, puedo seguir siendo atenta y cuidadosa sin que eso implique sacrificar mis límites o caer en sobrentregarme para ser querida.

Durante mucho tiempo, en la búsqueda de definirme, he tratado de querer encajar en uno u otro de los extremos. Sin embargo, en realidad, **mi personalidad, al estar compuesta de partes, está llena de grises y matices**.

En las sesiones, este es un aspecto que sale mucho a relucir, por ejemplo, en relación con el orden en casa y la limpieza. Hay quien dice: «Me gustaría poder sentarme en el sofá después de comer y que me diese igual dejar la mesa sin recoger», y, en el otro lado, también el que, sin cuestionárselo, se sienta en el sofá y recoge la mesa al día siguiente. Sin embargo, cuando se acumulan las tareas, es posible que piense: «Me gustaría poder ser como esas personas que lo recogen todo al momento y luego se sientan tranquilas en el sofá». Este ejemplo me hace pensar también en las adolescentes que tienen el pelo liso y lo quieren rizado, y, al contrario, las que tienen rizos se lo terminan planchando... En este caso, se trata de un bucle infinito: el mismo sistema que señala nuestras «imperfecciones» es quien hace negocio con ellas, y, si no participamos en él, sentimos incomodidad.

A veces, con pacientes, aunque ponga ejemplos de a qué me refiero con lo de que nuestra adulta puede dialogar con los extremos para escuchar las necesidades de ambos, surgen dudas sobre **qué significa responder desde el centro**. Y a menudo es más fácil explicar **lo que NO significa**:

- No significa controlar todos los aspectos de una relación, pero tampoco ignorar nuestras necesidades.
- No significa vivir con miedo a que todo se desmorone, pero tampoco pensar que nada nos afecta.
- No significa reprimir lo que sentimos, pero tampoco sentir que nos desbordamos constantemente.

- No significa evitar por completo el conflicto, pero tampoco convertir cada desacuerdo en una batalla para sentir que tenemos la razón.
- No significa exigir validación constante, pero tampoco negar que necesitamos sentirnos vistas y escuchadas.
- No significa evitar la vulnerabilidad, pero tampoco forzarnos a expresarla con quien no nos hace sentir seguras.
- No significa exigirse hasta el agotamiento, pero tampoco renunciar a tus objetivos y deseos.
- No significa creer que todo en la vida es justo, pero tampoco pensar que no mereces unos mínimos.
- No significa responsabilizarnos de todo, pero tampoco implica esperar que otros se hagan cargo de arreglar algo que nos corresponde a nosotras.
- No significa darlo todo por los demás, pero tampoco desconectarnos por completo de ellos.
- No significa complacer siempre a los demás, pero tampoco ignorar que nuestras acciones tienen repercusión en ellos.

Hay personas que, cuando leen una sugerencia, la convierten en una norma, y esto puede hacer daño. Los psicólogos, en cambio, siempre hablamos de los «dependes». Por ello, mencionar el punto intermedio, los matices de cada acción extrema, me parece muy útil. Porque, a partir de esos opuestos, podemos encontrar el equilibrio en esa opción intermedia que habla de **nuestra autenticidad**, esa que podemos sostener en el tiempo y que **nos hace sentir seguras con nosotras mismas y con quienes nos rodean**.

Las formas que toman nuestras partes protectoras

Para que conozcas mejor tu esencia y tus extremos, quiero presentarte a continuación las partes protectoras más habituales que las personas solemos desarrollar como respuesta al contexto en el que vivimos. Es importante no perder de vista que, en función de nuestra historia de vida, podemos tener unas u otras, o bien las mismas que otras personas, pero con diferentes cargas e intensidades.

Recuerda: nuestras partes protectoras son estrategias que desarrollamos para mantenernos a salvo.

Según su función, pueden ser preventivas o reactivas, como las respuestas de nuestro sistema nervioso, es decir, pueden llevarnos a luchar, huir o congelarnos. Sin embargo, al fin y al cabo, no dejan de ser formas que tiene nuestro yo de ayudarnos a sobrevivir.

- **La parte protectora controladora** la podemos reconocer porque trata de tenerlo todo bajo control para evitar el caos o el dolor. Quiere anticiparlo todo, se pone ansiosa cuando no tiene respuestas y puede volverse rígida con los detalles o los planes previstos.

  Por ejemplo: Clara tiene una parte controladora que organiza todos los detalles de la reserva para la cena anual que hace con sus amigas del Erasmus. Así, nada puede salir mal y nada ni nadie le puede generar incomodidad. Todo tiene que salir como espera.

- **La parte protectora perfeccionista** la reconocemos porque nos empuja a hacerlo todo de manera impecable, sin errores. Esta parte tiene un miedo terrible a fallar y no ser suficiente ante lo que considera que se espera de ella. No obstante, también puede irse al extremo de la procrastinación por miedo a no hacer las cosas perfectas, y castiga los cambios de planes.

  Por ejemplo: Silvia tiene una parte perfeccionista que siempre la lleva a preparar sus informes meticulosamente: los revisa una y otra vez antes de entregarlos y pasa mucho tiempo corrigiendo detalles que no impactan en el resultado final. Pero eso a veces hace que se bloquee y procrastine, porque teme no ser lo bastante buena. Cree que, si se muestra «perfecta», nadie podrá juzgarla y será aceptada.

- **La parte protectora complaciente** prioriza a los demás para evitar el conflicto y el abandono. Por eso, le cuesta decir que no y siente culpa si establece límites, pese a que estos busquen el propio bienestar. Además, como teme ser una carga, se adapta a lo que los demás esperan de ella, aunque suponga ir en contra de sí misma.

  Por ejemplo: la parte complaciente de Helena siempre trata de mostrarse accesible, está disponible para cualquier petición de sus amigas y busca cuidarlas como le gustaría que la hubieran cuidado. De este modo, indirectamente, enseña cómo quiere ser cuidada cuando los demás se relacionen con ella.

- **La parte protectora racionalizadora** o **lógica** es la que piensa las emociones en vez de sentirlas, analiza el dolor y lo justifica sin realmente sentirlo para evitar el conflicto y la frustración. Desde fuera, puede parecer fría.

Por ejemplo: Mónica tiene una parte protectora que racionaliza el malestar que siente por la pérdida de su perro mayor. Esta le dice que lo suyo no es para tanto, que hay gente que tiene problemas peores y que, en el fondo, debería sentirse agradecida por el tiempo compartido; que, en definitiva, tiene que ver el lado bueno de las cosas.

- **La parte protectora evitativa** no pide ayuda para no mostrar vulnerabilidad. Esta parte busca parecer fuerte, quiere ser autosuficiente y poder con todo sola, y a veces se aleja si alguien se acerca demasiado y ahonda en su interior.

  Por ejemplo: Lucía cree que, si no depende de nadie en sus relaciones personales, nadie podrá hacerle daño. Considera que ha sanado sus heridas de abandono (creció con unos padres muy ausentes que no la acompañaron emocionalmente), pero en realidad nunca se expone a ellas y se aísla para no tener que abrirse ni compartir sus emociones.

- **La parte protectora crítica** minimiza los logros y resalta los errores. Así, usa el juicio como motivación para seguir adelante y para evitar señalar de nuevo el rechazo.

  Por ejemplo: la parte protectora de Sara cree que, si es crítica consigo misma, no le dolerá tanto cuando alguien lo sea con ella. Por eso, tiende a exponer sus complejos e inseguridades ante sus amigas como si no le afectasen, ya que siente que así se blinda del dolor del juicio. Sin embargo, la realidad es que eso la aleja de relaciones profundas y auténticas.

- **La parte protectora procrastinadora** evita pasar a la acción porque teme equivocarse. Por ese motivo, puede llegar a sabotearse cuando todo va bien, pospone decisiones por miedo a las consecuencias o a la responsabilidad, se excusa diciendo que «todavía no es el momento» y no se siente nunca lo bastante preparada o lista.

Por ejemplo: Alba tiene una parte protectora procrastinadora que le dice que es mejor que no lo intente, porque, si falla, será verdad que es una fracasada, como le dijeron, y es mejor no comprobarlo. Por eso, evita empezar actividades nuevas, como apuntarse al gimnasio o a un curso de cerámica, para así no enfrentarse a la posibilidad de no ser capaz y confirmar sus peores temores.

- **La parte protectora agresiva** o **enfadada** responde a la defensiva cuando se siente vulnerable. Puede ser sarcástica, prefiere sentir rabia que tristeza y aleja a los demás sin darse cuenta.

  Por ejemplo: la parte protectora de Mireia se muestra fuerte y dura para que nadie piense que puede hacerle daño y reacciona a la defensiva en muchas situaciones, lo que le impide establecer la conexión que necesita. Por ese motivo, en las reuniones con su familia política, si alguien pregunta o comenta algo sobre su vida, en lugar de abrirse, responde con sarcasmo o a la defensiva, algo que hace para evitar sentirse juzgada.

- **La parte protectora cuidadora** tiende a anteponer las necesidades de los demás a las propias para sentirse útil y querida. Pero se centra tanto en cuidar a los otros que se olvida de sus propios límites y emociones.

  Por ejemplo: la parte cuidadora de Carmen se activa en las reuniones familiares, cuando en lugar de disfrutar del tiempo juntos, se siente responsable de que todos estén cómodos y felices. Si alguien parece necesitar algo, intenta resolverlo de inmediato, antes siquiera de que el otro lo pida, ya sea hacerse cargo de los niños o preparar más comida. En consecuencia, no deja espacio para sus propias necesidades o emociones.

- **La parte protectora rumiativa** se enfoca en pensar y repensar los problemas, buscando respuestas o soluciones a los errores del pasado, pero sin llegar nunca a la resolución. Esto genera ansiedad y dificultad para desconectar.

  Por ejemplo: la parte rumiativa de Laura se activa cada vez que algo no sale como esperaba en el trabajo. Después de una reunión difícil, pasa horas dándole vueltas a lo que dijo, analizando cada palabra y preguntándose si cometió un error, lo que le impide relajarse o pasar a la siguiente tarea.
- **La parte protectora justiciera** se siente impulsada a corregir lo que considera injusto y a defender a los demás o a sí misma de situaciones que percibe como incorrectas o desequilibradas. Esta parte puede ser muy rígida debido a la necesidad de «arreglar» todo lo que no está bien.

  Por ejemplo: la parte justiciera de Jara se activa cuando escucha a su madre hablar de manera despectiva de otro miembro de la familia. Aunque sabe que su madre siempre habla de los demás y ella no puede evitarlo, siente que debe intervenir y señalar lo que considera injusto para que deje de hacerlo. A pesar de que esta parte puede provocar tensas confrontaciones, su intención es proteger a la persona que no está ahí para defenderse.

EJERCICIO

Las partes protectoras aparecen cuando te sientes vulnerable o inseguro. Aunque a menudo se activan con buenas intenciones, su modo de actuar puede producir efectos no deseados. A continuación, reflexiona sobre ellas.

¿Cuáles son las situaciones en las que más se activan tus partes protectoras (por ejemplo, la falta de valores en el trabajo)?

....

....

....

....

....

¿Qué efectos tienen tus partes protectoras en tu vida diaria (por ejemplo, no decir nunca que no)?

....

....

....

....

....

¿Te alejan estos actos de las personas que te rodean, incluso si tu intención es protegerlas (por ejemplo, cuando corriges lo que percibes como injusto)?

¿Tus partes protectoras buscan satisfacer una necesidad profunda, como ser aceptada, querida o validada (por ejemplo, la creencia de que solo te querrán si siempre haces lo correcto y eres responsable)?

¿Sientes que tus partes protectoras te empujan a actuar de una forma que no coincide con tu esencia o deseos simplemente para evitar dolor o conflicto (por ejemplo, cuando te criticas a ti misma o a los demás por sus errores)? ¿Cómo podrías liberarte de esas expectativas?

En mi experiencia en consulta, estas son solo algunas de las formas que más frecuentemente adoptan las partes protectoras. Si te has sentido reflejada en alguna de ellas, espero que tus partes sepan que tienen toda mi admiración y respeto por lo que hacen por ti; deseo de corazón que puedas descubrir cómo te salvaron.

Durante el tiempo que he pasado acompañando con esta mirada, he ido nombrando otras partes con la ayuda de las diferentes personas y sus historias: la parte salvadora, la parte hiperresponsable, la parte impulsiva, la parte escéptica o desconfiada, la parte que se apaga, la parte que somatiza, la parte exigente, la parte trabajadora...

¿Hay algo malo en reconocerse en estas partes protectoras,
en ser así, en verse reflejada en estas descripciones?
Por supuesto que no.

El trabajo en terapia consiste en entender a estas partes, agradecerles su función y ayudarlas a relajarse para que no tengan que ser siempre las que están al frente. A mí me va muy bien ser perfeccionista para asegurarme de que adjunto el documento en un correo, que entrego los capítulos a tiempo a mi editora, que no llego tarde a mis sesiones, etc. Pero he aprendido que no puedo pedirme serlo todo el tiempo y que tampoco necesito ser siempre perfecta para ser válida y aceptada.

De hecho, también me viene bien tener una parte que se apaga y desconecta para no colapsar cuando, por ejemplo, hay más de una situación de alta intensidad emocional que me preocupa y de la que no puedo hacerme cargo como me gustaría.

En cambio, la estrategia que seguiré para mi parte rumiativa —cuando le da vueltas a circunstancias que me incomodan y que no puedo controlar— será ayudarla a respirar y a sentir que ha hecho suficiente, en lugar de pensar qué más puede hacer para dejar de sentir angustia.

> El proceso de autoconocimiento nos lleva a experimentar con los opuestos solo para darnos cuenta de que la felicidad y la tranquilidad tampoco se encuentran ahí. Porque, cuando llegamos al otro extremo —aquel con el que soñábamos al principio—, nos damos cuenta de que también ahí hay sufrimiento, que el malestar permanece. Entonces, nos sentimos de nuevo perdidas, e incluso en cierto modo engañadas, pues comprobamos que el esfuerzo de años ha sido en vano.

Por ello, **construir esa confianza interna** no significa que seamos tan fuertes como para no sentir miedo nunca, sino que **tenemos la seguridad de que podremos sostenernos a pesar de él**.

El problema es que, si durante la infancia no aprendimos a reconocer, validar y regular nuestras emociones, es probable que hayamos desarrollado algunas partes protectoras, de control o evitación como sustitutos de esa seguridad. **Y, cuando en nuestro entorno las emociones no son bienvenidas, aprendemos a desconectarnos de ellas** para adaptarnos o para controlar nuestras reacciones, como le pasaba a Marisa.

Si no hemos tenido una educación emocional adecuada y hemos reprimido o invalidado nuestras emociones, crecemos con una sensación de desconfianza interna. **Como nunca aprendimos a gestionar lo que sentimos, nos da miedo sentir.**

De nuevo, permíteme que te dé la mano.
Sigamos sintiendo juntas. Ya no estás sola.

6

EL ECO DE LA FAMILIA EXTERNA DENTRO DE TI: DINÁMICAS, ROLES Y COMUNICACIÓN

Looked so alive, turns out, I'm not real. (Me veía tan viva, pero resulta que no soy real).

BILLIE EILISH, «What was I made for»

Los cinco niveles de influencia que escriben tu historia

Hay en nosotras muchos aspectos que explican cómo somos hoy: la crítica, el cuidado, la complacencia... Y todos ellos nos comunican características de esas partes internas que conforman nuestra identidad mientras intentan protegernos, y que probablemente, de una forma u otra, reconocemos en nuestra familia de origen.

Venimos al mundo sin un espejo interno que nos diga quiénes somos, por lo que nuestra familia se convierte en la herramienta que nos enseña cómo debemos mirarnos. Así, en función de lo que vemos en sus ojos, de cómo nos hablan y nos incluyen o excluyen, se moldea nuestra identidad y, por ende, **también nuestra autoestima**. Desde el momento en que nacemos, **nuestro sistema familiar externo nos transmite su forma de ser y funcionar**. Eso implica que asumimos su dinámica, sus roles, sus modos de comunicación…, lo cual influye en nuestra manera de sentir, de relacionarnos y de construir nuestra propia imagen.

En el modelo IFS, **nuestra familia interna**, de forma similar a nuestra familia externa, hace referencia a **las diferentes partes de nosotras mismas que interactúan entre sí**, cada una con sus propios mecanismos de protección, valores y creencias. Estas partes, entre las que se incluyen algunas de las que ya hemos visto, como la perfeccionista, la crítica, la cuidadora o la racionalizadora, **se organizan para mantener un equilibrio interno**.

Y, así como en una familia externa cada miembro que la compone tiene un rol que influye en el funcionamiento general, **nuestras partes internas también buscan constantemente restaurar la homeostasis del sistema cuando algo genera conflicto o tensión**. El sistema interno, pues, igual que cualquier familia, tiene normas y dinámicas propias, y estas pueden ser funcionales o, en ocasiones, limitantes. De este modo, cuando una parte se siente amenazada o desequilibrada —por ejemplo, cuando un valor o creencia entra en conflicto con otro—, el conjunto busca restablecer el equilibrio de forma automática, aunque no siempre lo haga de la forma más saludable.

En esta búsqueda se priorizan patrones que se han repetido una y otra vez, aunque sean disfuncionales, porque, a pesar de que sean perjudiciales, nos ofrecen una sensación de «seguridad», de algo conocido.

Así, por ejemplo, crecer en una casa en la que no se habla de los conflictos y se dejan pasar hasta que las aguas vuelven a su cauce por sí solas influye en cómo nos enfrentamos hoy a los conflictos en otros ámbitos externos, como en una relación de amistad, de pareja o laboral. En este caso, es probable que se manifieste una parte protectora evitativa, que se aleja de la confrontación, incapaz de afrontarla; una parte racionalizadora, que justifica o minimiza el conflicto para que se resuelva sin que sea necesario hacer nada; una parte complaciente, que prioriza la armonía y por ello no establece límites, o una parte perfeccionista, que espera el momento perfecto para hablar pero nunca lo hace o que se critica por no saber gestionar el conflicto sin incomodidad...

Quizá una parte de ti siente que traiciona a su familia si la responsabiliza de sus heridas de infancia, o incluso si tan solo habla de su experiencia. Esto era lo que le ocurría a Natalia, una paciente de treinta y dos años que había crecido en una familia en la que nunca se hablaba de los conflictos. Durante las sesiones de terapia, cada vez que intentaba mencionar los problemas que había vivido en su hogar, se sentía culpable, como si deshonrase a sus padres. Sin embargo, con el tiempo, se dio cuenta de que, para sanar, era necesario hablar sobre su experiencia. Tal vez, como ella, necesitas que por fin alguien nombre y valide lo que viviste sin que eso implique culpabilizar a nadie. Sea cual sea tu situación, quiero dejar algo claro: **cuan-**

do, en terapia, hacemos este trabajo de comprensión, no buscamos culpables, pero tampoco podemos negar que la familia influye en nuestra autoestima.

Para profundizar en esto, quiero hablarte a continuación sobre la **teoría ecológica de Bronfenbrenner**. En 1979, este psicólogo ruso trabajó en un modelo que explica cómo el desarrollo personal, incluida la autoestima, está influenciado por diferentes sistemas interconectados. A grandes rasgos, su teoría ecológica describe **cinco niveles de influencia**, que se representan en círculos concéntricos.

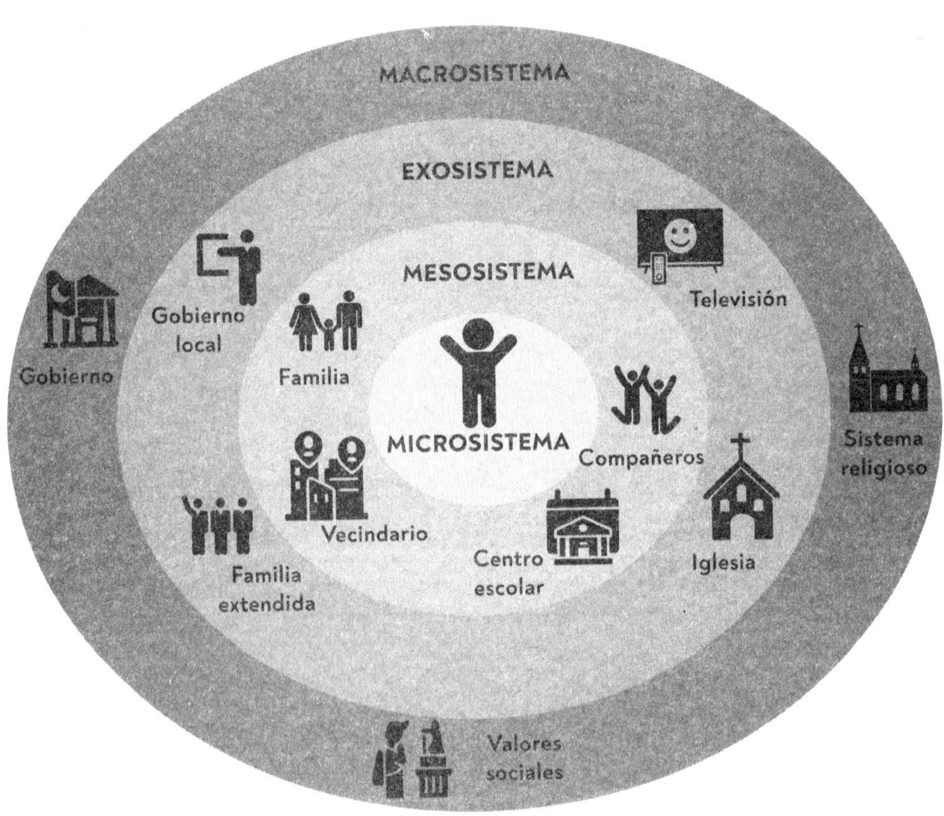

El círculo del interior hace referencia al **microsistema**, que son los entornos más cercanos e inmediatos, como **la familia, las amistades, la pareja o los compañeros de clase o de trabajo**. En este círculo social es donde se dan las primeras experiencias de validación o crítica, que son las que refuerzan o debilitan nuestra percepción y autoestima.

Luego nos encontramos con el **mesosistema**, que refleja la **interacción entre los diferentes microsistemas**, por ejemplo, entre la familia y la escuela o entre la pareja y las amistades. Y, en función de si hay armonía o conflicto entre ellos, nuestra autoestima puede fortalecerse o debilitarse.

En el siguiente nivel está el **exosistema**, que hace referencia a los entornos y contextos en los que vive la persona. Estos, aunque no están directamente involucrados, sí que influyen en su vida, y son, por ejemplo, el trabajo de los padres, las políticas laborales, el sistema educativo, las redes sociales o los medios de comunicación.

Después está el **macrosistema**, conformado por el contexto sociocultural y por las creencias y normas predominantes en la sociedad, como las ideologías de género o de otro tipo, la religión o los valores. Todo ello influye en la persona, la cual, dependiendo de los mensajes que se transmiten, puede sentirse respaldada u oprimida por ellos.

Por último, el **cronosistema** se refiere a la influencia del tiempo y la historia personal. Son, pues, esos cambios, tanto personales como generacionales o tecnológicos, que influyen en nuestro desarrollo.

Conocí este modelo teórico, que ha sido muy importante para explicar la influencia del contexto en el desarrollo del individuo, durante mi formación universitaria, hace ya algunos años. No obstante, con el tiempo, ha recibido algunas críticas, porque no recoge la profundidad de factores internos como la cognición, los rasgos de personalidad o la genética.

A pesar de eso, creo que es un recurso muy útil para ilustrar que **la autoestima es multidimensional**. Aunque los **contextos de influencia sean distintos, es en el microsistema donde ocurren las interacciones más significativas y constantes** para todas nosotras. Por ello, en estas páginas vamos a hablar del impacto directo de la familia en la construcción de la identidad y la autoestima.

Saber que nuestras partes internas se han adaptado a los sistemas de influencia nos alivia y nos libera de cargas individuales.

El primer paso para hacer las paces con aquellas partes de uno mismo que duelen es, pues, entender que no todo está en nosotras. Significa ser conscientes de que estas pueden haber desarrollado estos roles en respuesta a los mensajes del microsistema o del macrosistema, ya que buscaban, y aún buscan, el equilibrio (aunque a veces este sea disfuncional) para seguir funcionando.

Sobre la terapia sistémica y cómo funcionamos

La **homeostasis** es un concepto clave en la terapia sistémica, la disciplina psicológica que estudia al individuo en relación con su contexto. Según esta teoría, cuando hay conflictos ocultos dentro del funcionamiento familiar, uno de los miembros puede expresar un síntoma para restaurar el equilibrio. Veámoslo con un ejemplo muy simple: en un matrimonio al borde del divorcio, el niño, de ocho años, puede experimentar una regresión en la conducta, como orinarse en la cama, para recuperar la unión de sus padres y el sentimiento de equipo de la familia. Este síntoma permite cambiar el foco de atención y alejar y evitar el conflicto real. Así, el «nuevo problema» ayuda a que el sistema familiar se enfoque en «arreglar» al niño, y se evita de este modo confrontar la verdadera fuente del malestar: su relación.

También es así como puede actuar, por ejemplo, una parte perfeccionista que te impulsa a hacerlo todo bien y a evitar errores. En ese caso, quizá en el fondo de ti hay una niña herida y exiliada que fue rechazada por no ser lo bastante buena. Por ese motivo, cuando cometes un error o alguien te pide explicaciones o critica lo que has hecho, tu parte perfeccionista contiene esa vulnerabilidad que está a punto de aflorar a la superficie. Así, el rol de esta parte se intensifica, y usa el control para revisarlo todo muchas veces o te impulsa a trabajar en exceso y a ser más autoexigente. Todo esto es un mecanismo que, en el fondo, busca restaurar el equilibrio y alejar la atención de la herida real (el rechazo).

Además del equilibrio, hay otros seis conceptos clave en la terapia sistémica que nos ayudan a explicar cómo funcionan los sistemas humanos, en especial las familias y grupos. Estos, a su vez, nos ayudan a **comprender el funcionamiento de nuestro mundo interior y de las partes protectoras**:

- Equilibrio
- Armonía
- Liderazgo y jerarquía
- Interdependencia
- Límites
- Crecimiento y cambio
- Comunicación

La **armonía** señala que **un sistema funciona bien, ya que hay un balance saludable entre sus miembros**. Pero, ojo, saludable no significa la ausencia total de conflictos, sino que los miembros de ese sistema tienen la capacidad para resolverlos y adaptarse. Esto mismo ocurre cuando tus partes internas están equilibradas y ninguna domina por completo.

El liderazgo y la jerarquía en los sistemas familiares se refieren a **la manera en que se distribuyen los roles y responsabilidades**. Cuando hay un liderazgo claro, el sistema es más estable; sin él, en cambio, puede haber confusión y caos. Por este motivo, si en nuestra familia de origen no había una figura de liderazgo, es posible que asumiéramos ese rol desde pequeñas, un fenómeno conocido como **parentalización**. Esto puede llevar a que una parte rígida de nuestra personalidad tome el control e impida que el *self* (nuestro ser auténtico) asuma el liderazgo. Como resultado, podemos sentir que nuestra vida está basada en reglas estrictas y un estrés constante.

La **interdependencia** hace referencia a que **ningún elemento del sistema existe de manera aislada**: lo que le afecta a uno influye en el resto. Así, por ejemplo, si tu madre tenía cambios de humor que marcaban la dinámica familiar, es probable que todos los miembros sintierais el impacto y estuvierais pendientes de cuándo sería el próximo de estos episodios, y hasta alterarais planes para evitar provocar uno nuevo. Todo, pues, giraba en torno a esa alteración del estado de ánimo de uno de los adultos de referencia, que, como en un efecto dominó, afectaba a las emociones, los comportamientos, las rutinas y las relaciones de todos los miembros.

En otro caso, puede haber una parte de ti que se sienta agotada por trabajar muy duro, lo que activa a otra parte que evita y procrastina como forma de compensar. Esta trata de favorecer al sistema y las necesidades que tiene en ese momento, aunque sea de forma desactualizada. Y es que quizá ya cuentas con otras formas de atenderte en el presente desde tu esencia, como, por ejemplo, pedir ayuda cuando la necesitas o ponerte límites para no cancelar la actividad de baile o para confirmar que irás a la excursión al campo el sábado con tus amigos.

Otro de los aspectos clave son los **límites**, que sirven para **regular la proximidad o la distancia entre los miembros de la familia, y pueden ser rígidos, difusos o flexibles**. Así, por ejemplo, crecer con una madre que pone límites difusos y que, durante tu infancia, te trata como su amiga y confidente, y comparte contigo sus problemas maritales, puede suponerte una carga emocional inadecuada. En una dinámica familiar sana, en cambio, los límites flexibles permiten que cada miembro tenga su propio espacio emocional, respetando tanto la cercanía como la autonomía y favoreciendo la posibilidad de conectar de manera genuina sin invadir el bienestar del otro. Esto implica reconocer cuándo podemos abrirnos y cuándo es mejor mantener una distancia adecuada, lo que permite que las relaciones sean nutritivas y no se conviertan en una carga emocional para nadie.

El **crecimiento y el cambio** son clave, pues, cuando nos resistimos al cambio, empieza la disfuncionalidad. **Los sistemas saludables, por el contrario, evolucionan y se adaptan a los nuevos desafíos y etapas de cada momento vital.** A menudo, esta necesidad de adaptación se manifiesta, por ejemplo, en los conflictos intergeneracionales relacionados con las distintas formas de criar. También se puede dar cuando hay rigidez, como cuando nos tratan como si fuéramos pequeñas, toman decisiones por nosotras o se molestan si seguimos nuestro propio camino.

Y, por último, la **comunicación** es un **aspecto fundamental para el funcionamiento del sistema**. Esta puede ser clara y directa, lo que favorece la estabilidad, o ambigua y, por tanto, disfuncional. Si, por ejemplo, tu padre te decía: «Haz lo que quieras», pero el tono de enfado te dejaba atrapada entre dos opciones, como el mensaje verbal y el emocional se contradecían, es posible que esa disonancia provocara en ti confusión y ansiedad.

De hecho, esto también ocurre a nivel interno, cuando nos escuchamos a nosotras mismas y hay dos voces que se contradicen. Una parte nos dice: «Descansa, necesitas relajarte», mientras que otra nos susurra: «Si te relajas, no llegarás a nada».

Conocer estos aspectos de la teoría sistémica nos ayuda a ver y entender nuestros patrones con más compasión.

Nos permite comprender que las partes que están dentro de nosotras surgieron con un propósito y tienen sentido dentro de un sistema concreto. Una buena manera de confirmarlo es hacerte preguntas como: ¿qué habría pasado si no hubieras intentado ser siempre perfecta en casa? ¿Qué habría pasado si no te hubieras olvidado de tus necesidades para cuidar a los demás? ¿Y si, en lugar de complacer, te hubieras rebelado o expresado lo que realmente sentías?

Tiene todo el sentido del mundo que hoy exista en ti (en tu sistema interno) una **parte protectora rumiativa** si, cuando eras pequeña, en tu familia (tu sistema externo) tenías que anticiparte debido a los constantes conflictos inesperados. En ese momento, aprendiste a analizar cualquier gesto para prever peligros y protegerte de posibles consecuencias negativas.

Tiene todo el sentido del mundo que hoy exista en ti una **parte perfeccionista** si, cuando eras pequeña, en casa solo recibías reconocimiento cuando hacías las cosas bien a la primera. Fue tu manera de asegurarte el amor: cumpliendo con las expectativas y evitando decepcionar.

Tiene todo el sentido del mundo que hoy exista en ti una **parte complaciente** a la que le cuesta poner límites si, cuando eras pequeña, te diste cuenta de que decir «no» implicaba distancia, silencio, castigo o rabia por parte de tu familia. Por eso, una parte de ti decidió satisfacer a los demás para no quedarte sola y priorizó mantener la conexión antes que escuchar tus propias necesidades.

Tiene todo el sentido del mundo que hoy exista en ti una **parte productiva** a la que le cuesta descansar y siente culpa cuando lo hace si, de pequeña, viste que tus padres apenas descansaban o notaste que la única forma de recibir aprobación y de que sintieran orgullo era a través del esfuerzo y el sacrificio constantes.

Tiene todo el sentido del mundo que hoy exista en ti una **parte muy independiente** a la que le cuesta pedir ayuda si, cuando eras pequeña, sentiste que no podías contar con los demás o tenías que resolver tus problemas sola. Aprendiste entonces que no podías confiar en que alguien acudiera a sostenerte cuando lo necesitaras.

Esas partes de ti que duelen fueron necesarias en tu infancia, y, al contrario de lo que quizá sientas, no están aquí para hacerte daño.

Surgieron, en cambio, para protegerte dentro de un sistema concreto, para que pudieras sobrevivir de la mejor manera. Sin embargo, ahora necesitas encontrar nuevas maneras de apoyarte que estén más alineadas con quién eres realmente y con tus necesidades actuales.

Pero, para tomar las riendas de tu bienestar y reforzar tu autoestima, primero necesitas **conocer tus heridas y las protecciones que se han creado alrededor**. Solo así serás capaz de transformar la relación contigo misma y de ver que quizá ya no necesitas reaccionar de la misma manera.

Así que sí, vamos a ver ahora con qué heridas cargas. No puedo prometerte que no te duela reconocerte y recordar cómo te han afectado algunas dinámicas de comunicación y relación en tu familia. Sin embargo, sí que puedo garantizarte que lo hacemos para que **la vergüenza, el miedo y la culpa no sean el filtro a través del cual te miras y dejes de dudar de quién eres, de cuánto vales y de lo que mereces**.

Sobre dinámicas disfuncionales que te dañan

La terapia sistémica familiar se enfoca en abordar los conflictos dentro del contexto familiar. Pero cuando exploramos las relaciones, a menudo encontramos dinámicas disfuncionales que contribuyen y mantienen las dificultades emocionales, de comunicación o de comportamiento. Como hemos visto, estas dinámicas disfuncionales surgen como intentos de mantener el equilibrio del sistema familiar, **aunque a menudo es a costa de la salud emocional de sus miembros**.

No hay familias perfectas; en todas hay problemas. Sin embargo, algunas son seguras y funcionales. Esto se debe a su capacidad para resolver los conflictos dentro de un clima familiar armónico, así como a su habilidad para adaptarse a los cambios y mantener el equilibrio entre proximidad y distancia.

Quiero compartir algunas frases que podrían decir habitualmente familias con distintas dinámicas disfuncionales para ilustrar lo que es posible que predomine en esa relación familiar. Como no se trata de una clasificación oficial, quizá reconozcas tu propio estilo, o quizá no. En cualquier caso, espero que, aunque no te sientas del todo reflejada en ellos, estos ejemplos te aporten algo de luz para empezar a comprender mejor tu sistema externo y cómo tus partes extremas, como el control, lo dirigían:

- Familia fusionada: «Si no nos lo cuentas todo, nos estás traicionando».
- Familia desligada: «Aquí cada uno se encarga de lo suyo».

- Familia que somete: «He dicho que, bajo mi techo, se haría esto y punto».
- Familia que culpa y no se responsabiliza: «Si la niña no se portase así, todo estaría bien».
- Familia perfeccionista: «Si no sacas buenas notas, no vales nada».
- Familia con secretos: «Mejor que nunca hablemos de esto, ni fuera ni dentro de la familia».
- Familia controladora: «Esto no es lo que queremos para ti, deberías tener otra pareja».
- Familia sobreprotectora: «No quiero que sufras si sale mal, así que mejor que no lo hagas».
- Familia con favoritismos y rivalidad: «Tu hermano siempre ha sido el primero en todo».
- Familia con roles invertidos: «Tú eres el hombre de la casa y tienes que cuidar de tus hermanos».
- Familia que clasifica: «Tú eres la fuerte; si no estuvieras, no sé qué haríamos sin ti».
- Familia descuidada: «No tengo tiempo para tus problemas, tienes que hacerlo tú».
- Familia con alianzas: «No le digas esto a papá, que quede entre nosotras».

Estas frases, sumamente descriptivas, hablan de aspectos que se refieren a la estructura, la comunicación y las dinámicas en los que profundizaré a continuación.

El objetivo es que la relación que has vivido, y que quizá todavía vives, te ayude a verte mejor a ti misma. Que puedas mirarte en el espejo de tu historia y reconozcas cómo tu familia y las experiencias pasadas han moldeado esa imagen. Así podrás ver con más claridad quién eres realmente hoy.

Conocer el significado de «equilibrio» en la literatura de la terapia familiar fue sumamente revelador, ya que me permitió ver más allá, incluso en familias con dinámicas abusivas y violentas. Entendí entonces que, **aunque estas dinámicas constituyan una disrupción del equilibrio, también son estrategias que buscan mantener la jerarquía de poder y evitar enfrentarnos a conflictos más complejos**. En estructuras patriarcales rígidas, por ejemplo, se usa la violencia para reafirmar la autoridad y mantener el rol dominante con el objetivo de no perder la estructura original.

Así, dentro de una familia, podemos encontrar **alianzas** y **coaliciones**, unas dinámicas que reflejan el grado de unión o separación en sus interacciones. En el caso de las **alianzas**, dos miembros se apoyan sin excluir al resto. Ejemplos muy sencillos son, por ejemplo, cuando compartes un momento de complicidad y disfrute con tu madre mientras hacéis una actividad juntas o cuando una pareja se apoya en la crianza. Por el contrario, la **coalición** es una unión que afecta a un tercero, y se da, por ejemplo, cuando un padre y una hija se alían en contra de la madre para criticarla y burlarse de ella.

Estas estrategias también aparecen en nuestra relación con nosotras mismas, pues también podemos establecer estas alianzas y coaliciones entre las diferentes partes que conforman nuestro yo. Además, según el modelo IFS, también se dan lo que llamamos **polarizaciones**, es decir, conflictos entre partes protectoras opuestas que compiten entre sí.

Veamos un ejemplo de la forma que pueden tomar dentro del yo:

ALIANZA	COALICIÓN	POLARIZACIÓN
Una parte perfeccionista y el *self* se alían para ayudarte a mejorar sin provocarte un exceso de estrés. Juntas, te dicen: «Vamos a ayudarte a mejorar, pero sin agotarte. Está bien que te esfuerces, pero recuerda descansar».	Una parte crítica y una parte perfeccionista se unen para evitar el dolor del fracaso, pero lo hacen exigiéndote desde el miedo. «No debes relajarte, porque entonces vas a decepcionar a todos y serás un fracaso», te aseguran.	La parte perfeccionista quiere trabajar sin descanso hasta que todo esté a la altura de las expectativas, mientras que la parte evitativa quiere descansar todo el tiempo y procrastina la tarea.

Esto era lo que le ocurría a Claudia, una paciente de veintiocho años que había empezado la terapia porque, aunque se sentía bastante satisfecha con su vida, en el trabajo siempre se sentía insegura. Creía que era víctima de un síndrome de la impostora que la hacía dudar de sus logros y sentía que no merecía estar donde estaba. Indagando en su historia personal, descubrí que, de pequeña, había sido patinadora profesional de competición, así que, además de ir a clase y sacar buenas notas, se levantaba temprano o se marchaba antes del parque donde estaban sus amigas porque tenía que entrenar. Patinar era su pasión, pero esta también definió su manera de entender el descanso: siempre asociado a la productividad y al rendimiento.

En consecuencia, Claudia había desarrollado una mentalidad de «todo o nada»: o era perfecta o se sentía paralizada. Este conflicto entre la necesidad de rendir al máximo y el agotamiento emocional resultante fue lo que la llevó a terapia.

Por una parte, perfecta; por otra, paralizada: el conflicto interno de Claudia

A medida que avanzamos en las sesiones, desenmarañamos juntas el nudo que la oprimía y su conflicto interno. En los diferentes encuentros, usamos varios recursos para trabajar, como muñecos, pósits, cojines y sillas para diferenciar las distintas partes que aparecían en la mente de Claudia. Hasta que un día, después de varios intentos, el nudo acabó cediendo por completo.

Claudia: No lo sé, es como que a veces pienso: «Si no lo hago perfecto, la gente pensará que no me merezco el puesto, que soy una incompetente». Y, racionalmente, sé que no es verdad, que no necesito hacerlo perfecto, pero no lo sé... Por dentro, me siento así.
Marta: Claro, Claudia, ya te entiendo... Parece que hay una parte en ti que lo quiere hacer perfecto. Esta lleva tiempo contigo, y aún no es capaz de desmentir ni de actualizar cómo se hacen las cosas. Me hablabas también de otra parte, ¿verdad?
Claudia: Sí, a menudo, cuando pienso en eso, me voy al otro extremo y acabo diciéndome: «Paso, no quiero hacerlo. ¿Para qué voy a esforzarme si nunca será perfecto, lo van a criticar o alguien lo hará mejor?». Y, entonces, me paso la tarde en el sofá mientras veo algo en la tele y, a la vez, miro vídeos en el móvil. Pero, claro, acaba el día y no he hecho nada del trabajo ni tampoco disfrutado de mi tiempo de descanso, y pienso: «Joder, he perdido el tiempo, y encima me siento culpable».

Marta: Vale, por lo que me dices, parece que hay una parte en ti que te observa en los momentos en que estás en el sofá descansando y te dice: «¿Ves como no puedes permitirte descansar? En cuanto lo haces, sientes que no haces nada». **Es como si hubiera dos partes que no se conocen y que viven en los dos extremos de un mismo espectro.** ¿Qué opinas? ¿Te resuena lo que te digo?
Claudia: ¡Sí, justo es eso! Mira, ahora que lo has dicho, he sentido cierta compasión. Creo que entiendo la intención de ambas partes... Me parece que necesito relajarme y dejar de lado la presión por hacerlo todo perfecto, pero no sé cómo hacerlo, no encuentro la forma de equilibrarlo... Siempre caigo en un extremo u otro: en la pereza total o en estar tan a tope trabajando que hasta me olvido de comer o incluso de ir al baño...
Marta: Hablas de compasión... ¿Eres consciente de cómo te estás dando cuenta de todo esto? Quizá puedes escuchar a ambas partes sin aliarte con ninguna. Ahora parece que, aunque en el fondo pretenden ayudarte, estas partes provocan que te olvides de algunas necesidades básicas. ¿Te gustaría que trabajásemos juntas para ver cómo podemos acercarlas?
Claudia: Sí, quiero tener en cuenta a ambas partes sin que ninguna tome el mando absoluto. A bote pronto, se me ocurre que quizá una manera de hacerlo sería trabajar con cortos periodos de concentración profunda e incluir momentos de descanso... No lo sé, parece una tontería que sea tan fácil como organizarme y dividir las tareas, pero no me sale natural...
Marta: Pero eso es normal, Claudia... Durante mucho tiempo has hecho las cosas así. Lo bueno es que ahora lo sabes y puedes ofrecerte una alternativa. De hecho, lo que te pasa me suena a

aquello que hablamos de la necesidad de terminar la casa en un día. Qué ternura ver a estas dos partes así: ambas están remando a tu favor para que te sientas valiosa y capaz, tanto cuando eres productiva como cuando no lo eres... Qué bien que lo hayas podido ver. ¿Y recuerdas cuándo empezaste a sentir que tenías que hacerlo perfecto para que los demás no te criticaran?

Claudia (*con los ojos cerrados y una mano en el pecho*): Sí, me veo a mí misma con nueve años en una sesión de entrenamiento. Era muy importante hacerlo perfecto para no hacerme daño con los patines... Cuando lo hacía bien, los veía a todos tan felices... Mi entrenadora, mis padres, mis abuelos, todos sonreían... Y creo que, de alguna manera, entendí que eso era lo que tenía que hacer: alcanzar siempre la perfección.

Marta: Me llega tu emoción, Claudia, y me conmueve a mí también imaginarte, ver a tu niña de nueve años, tan inteligente que supo captar qué era lo que tenía que hacer para que todo estuviera bien, para mantener el equilibrio... Aprovechando que estás con los ojos cerrados, quédate ahí durante un momento, en lo que hemos visto hoy, e intenta responderme a lo siguiente: ¿cómo sientes en tu cuerpo esta nueva posibilidad de equilibrio, de integrar esa parte que busca la perfección con la que a veces necesita no hacer nada o hacer las cosas de una manera diferente?

Claudia: Me siento más en calma ahora. Comprendo lo importante que fue para mí ser así, aspirar a hacerlo todo bien, y me gusta saber que puedo encontrar otra forma, que a veces suficientemente bueno es más que suficiente..., ja, ja, ja. Me río porque siempre estoy igual, ¿eh? No he comprado ni el cemento para las bases de la casa y ya quiero comprar la decoración.

Marta: Me alegro de que puedas sentir esa calma, Claudia. Fíjate en cómo tu niña encontró una forma de protegerse y en cómo ahora, con todo lo que sabes, puedes ofrecerle una manera de seguir adelante sin tener que terminar la casa en un día, ja, ja, ja. Parece que lo importante es que ya tienes los planos para construir a tu ritmo...

En el caso de Claudia, fue muy importante comprender lo que le sucedía. Así pudo encontrar una alternativa para tratarse a sí misma de una forma más alineada con sus valores. Esta le permitió tanto avanzar como descansar, ambas acciones igual de importantes.

Cuando alguien empieza a ir a terapia, siempre le hago esta pregunta para comprender sus dinámicas habituales en las relaciones:

Si hay algún problema en tus relaciones,
¿cuál es la sensación o pensamiento que más se repite?

Hay muchas respuestas, tantas como personas. Algunas me dicen que sienten que dan más de lo que reciben; otras, que piensan que son agresivas hablando y pierden las formas; otras, que se callan y luego explotan; otras, que dicen que sí cuando quieren decir que no; otras, que se pierden en sus relaciones y dejan de hacer lo que les gusta; otras, que se sienten atrapadas en conflictos; otras, que siempre son las que se encargan de proteger a los demás, pero nadie las protege a ellas..., y podría seguir. **Y todo lo que vemos fuera también puede darse dentro de nosotras.**

¿En qué parte se ha basado tu autoestima?

Las dinámicas relacionales que observamos en el entorno familiar, en nuestras amistades, en nuestras parejas... también se dan en nuestro interior.

Así, cuando las indicaciones que nos ofrecían no eran consistentes, la falta de seguridad podía dar lugar al conflicto y a la polarización de nuestras partes internas. Asimismo, si en casa no hubo espacio para nuestras emociones, se tacharon de negativas, no se validaron o no se acompañaron como necesitábamos, eso nos enseñó a negarlas y silenciarlas y a juzgar nuestra vulnerabilidad cuando aparece.

Más allá de esto, cuando crecemos, esperamos pertenecer y formar parte del entorno en el que vivimos, deseamos integrarnos en ese grupo o comunidad (sea una familia, un grupo de amigos, etcétera). Y, a veces, esta necesidad de conexión y aceptación, la búsqueda de pertenencia, nos lleva a priorizar las expectativas de ese grupo por encima de las nuestras. **En definitiva, en muchas ocasiones renunciamos a nuestras necesidades con tal de ser una más.**

Según lo que hayas aprendido de tu
familia externa y tus relaciones,
¿cómo es tu familia interna y en qué se basa
para lograr el equilibrio interno
y sentir que merece recibir amor?

Quizá tu autoestima se ha basado en una parte que quiere complacer, ya que siente que el amor depende de lo que se entrega a los demás. Por eso, cuando sientes que das demasiado y recibes poco en comparación, toma el control una parte que reacciona a la injusticia. Esto es lo que le ocurría a Ruth, que rompió una amistad porque siempre acudía cuando quedaban, pasara lo que pasara, aunque tuviera fiebre. No ponía límites que la cuidasen, pero, si su amiga no hacía lo mismo, se enfadaba, pues sentía que su amiga no hacía el mismo esfuerzo que ella...

Quizá tu autoestima se ha basado en no tener deudas pendientes con nadie, en no depender ni necesitar a nadie, porque es posible que hubiera la posibilidad de recibir reproches o intromisiones. Así, afloró en ti una parte evitativa y autosuficiente que te permitió no tener que relacionarte desde la vulnerabilidad, que era lo que le pasaba a Adriana. Esta prefería no pedir ayuda y, por ello, no dejaba la copia de las llaves a nadie para que le cuidasen las plantas y así sentía que no tenía cargas ni contraía deudas pendientes con nadie.

Quizá tu autoestima se ha basado en la comparación externa y no te has sentido vista de verdad. Es lo que le ocurría a Mireia, que, cuando contaba que en clase las niñas se reían de su pelo rizado, su madre le respondía que eran unas envidiosas. Sin embargo, no le decía qué le parecía a ella su pelo rizado, por lo que seguía sin sentirse segura...

Quizá tu autoestima se ha basado en la parentalización, ya que te has hecho cargo de responsabilidades adultas cuando eras pequeña. Es lo que le sucedía a Montse, que, a los once años, fue la confidente de su madre después del divorcio de sus padres. Entonces, escuchó en silencio a su madre hablar sobre cada cita y cada ruptura, y no tuvo espacio para ella...

Quizá tu autoestima se ha basado en las dinámicas de fusión, puesto que, en tu familia, ser tú se sentía como una traición. Por ese motivo, cuando encuentras tu voz y sientes que quieres empezar a vivir la vida que deseas y no la que tu familia espera de ti, aparece la culpa. Este era el caso de Elisabet, quien, aunque toda su familia vivía en el mismo pueblo, quería viajar en caravana...

Quizá tu autoestima se ha basado en ser leal a las experiencias de sufrimiento de los demás, lo que te lleva a creer que no mereces lo bueno que te pasa porque no has sufrido lo suficiente para merecerlo. Así le ocurría a Lía, que minimizaba su propio sufrimiento porque sentía que, en comparación con los sacrificios que había hecho su familia, no tenía derecho a quejarse ni a recibir recompensas.

Este tipo de dinámicas familiares influyen profundamente en nuestra autoestima. Al buscar pertenecer y adaptarnos a los sistemas familiares o grupos de los que formamos parte, muchas veces renunciamos a nuestras propias necesidades o deseos. La renuncia, entonces, puede convertirse en un patrón que se refleja en nuestras «partes protectoras», que surgen para protegernos de la culpa, el rechazo o el conflicto, pero que a menudo también nos alejan de nuestra esencia, limitando nuestra capacidad para vivir auténticamente.

Así, nuestras partes protectoras, como la complaciente o la evitativa, pueden terminar por ocultar nuestras verdaderas necesidades, creando una falsa sensación de seguridad, aunque sea a costa de nuestra autoestima.

La importancia de entender y no eliminar tus protecciones

El momento de darse cuenta y deshacer el conflicto interno que, al leer la transcripción de la sesión con Claudia, parece sencillo, en realidad no lo es en absoluto. En las anteriores páginas, he tratado de resumirlo, pero en las sesiones no sucede así; nos lleva tiempo, porque **el proceso terapéutico en sí mismo puede suponer un dilema**. Quizá tu perfeccionismo te agota, pero a la vez te ofrece una sensación de control, y te da miedo (a veces muchísimo) confiar en que tu adulta (a la que a menudo todavía no conoces) es capaz de tomar las riendas.

Puede parecer arriesgado renunciar a las estrategias de tus partes protectoras, a pesar de que te generen perjuicios y sus efectos sean contraproducentes, ya que tienen razones de sobra, basadas en experiencias previas, para creer que así han funcionado. Sin embargo, con la terapia **ofrecemos la esperanza de conseguir un alivio que va más allá de las dinámicas aprendidas**.

El problema es que muchas veces, cuando tratamos de eliminar estas protecciones, dejamos de ser conscientes de lo útiles que han sido y lo importantes que siguen siendo para nuestro sistema.

Al igual que sucede con los síntomas en el sistema familiar, explorar nuestro propio autoconocimiento puede despertar miedos. Estos, similares al temor a que los cambios alteren el equilibrio de una familia, son comunes cuando empezamos a cuestionarnos o a cambiar algo de nosotras mismas. A menudo, nos da miedo lo que sucederá si cambiamos, si alteramos lo que conocemos, incluso aunque ese cambio sea necesario para nuestro bienestar. En este sentido, hay algunos miedos que se presentan de forma habitual y común, como los siguientes:

- **El miedo a ser abrumadas por nuestras heridas:** igual que ocurre en una familia con secretos, también tenemos miedo a que, si hablamos de nuestras heridas, esas que exiliamos y ocultamos, nos abrumen. Tememos que, al recordar las experiencias, caigamos en un agujero negro del que no exista retorno.
- **El miedo a que quienes nos rodean no sepan manejar lo que compartimos:** a veces nos embarga el miedo a que ni nosotras mismas ni las personas que nos acompañan, ya sea nuestra terapeuta, nuestra pareja o nuestras amistades, sean capaces de manejar lo que necesitamos compartir. Esto puede deberse a que, cuando en la infancia expresábamos una preocupación, en vez de proporcionarnos calma, nos devolvían la preocupación o nos juzgaban por ello, y por eso no confiamos de primeras.

  En este sentido, en terapia, en lugar de prometer que no te voy a juzgar, me parece más honesto animarte a que, si sospechas que alguna parte juzgadora de mí está activada, me lo digas. Cuando hemos vivido experiencias de juicio, estamos en alerta para percibir esos cambios. Así, por ejemplo, quizá frunzo el ceño porque ha fallado la conexión a internet y no he escuchado la última frase que me has dicho. En realidad, pongo esa cara para entenderte, pero, sin tu permiso explícito, quizá crees que estoy juzgando lo que compartes conmigo.

Imagina que estás manteniendo una conversación con una amiga, le estás contando algo difícil para ti y, de repente, ella pone cara de incomodidad o hace un gesto que te hace sentir que está juzgando lo que acabas de compartir con ella. **En lugar de quedarte con esa sensación o de asumir que está juzgándote, puedes decir algo como: «Oye, he notado que has puesto cara de incomodidad cuando te explicaba eso, ¿hay algo que te preocupa de lo que te he dicho? No quiero malinterpretarlo y me gustaría saberlo».**

- **El miedo a que ser auténticas tenga consecuencias negativas:** también es muy frecuente el miedo a que algo malo pase si dejamos nuestra esencia al descubierto, y creemos que eso puede suponer un castigo, ruptura o pérdida de vínculos. En este caso, una parte de nosotras mismas nos protege de la sensación de no ser queridas minimizando el desprecio que recibimos por parte de un familiar, y mantenemos el vínculo para no sufrir el dolor de la pérdida, aunque este sea inseguro. Por eso será importante reconocer que hoy no hay una única fuente de amor para nosotras, algo que sí que ocurría cuando éramos pequeñas.
- **El miedo a no ser «suficientemente adultas»:** el miedo a no ser demasiado adulta es algo muy habitual, especialmente en generaciones *millennials*. Algunas personas lo identifican con el deseo de que hubiera alguien «más arriba», alguien que tomara las decisiones difíciles. Como adultas, nos sentimos en el último eslabón, y da miedo, porque tenemos una responsabilidad que, evidentemente, no teníamos en nuestra infancia. Aunque en el fondo no estamos solas, sí que hay cosas que tenemos que hacer solas o por nosotras mismas, y a veces no

confiamos en que podamos ser esa persona adulta que nuestras partes internas necesitan.

- **El miedo a que el esfuerzo no tenga recompensa:** hay algunas partes más pesimistas por los intentos fallidos de reparación, lo que se da cuando se ha roto un vínculo y no se quieren sumar más cargas de las existentes. En este caso, las personas prefieren no arriesgarse a decepcionarse si el proceso falla, e incluso están convencidas de que no son, como decía, lo bastante adultas. Entiendo, pues, este escepticismo, porque puede ayudarnos a ser cautelosas, a medir el ritmo si sentimos que hay mucho riesgo.

  A esta parte más pesimista le da miedo que el esfuerzo no valga la pena, pues se acuerda de otras ocasiones en las que ha intentado hablar para arreglar la relación, pero la situación no ha cambiado o ha empeorado. Por eso, prefiere no arriesgarse a que le hagan daño de nuevo; prefiere, en definitiva, el silencio a que un nuevo intento de reparación termine en decepción.

El cambio genera incertidumbre porque no siempre sabemos cómo ser de otra manera.

Si la identidad que tenemos hoy, aunque nos haga sufrir, es la única que conocemos, la idea de modificarla puede provocarnos una crisis. En este momento, nos puede asaltar la pregunta: **¿qué quedará de mí si cambio?**

Es natural, da miedo que todo lo construido hasta el momento se pueda desmoronar y que nuestras partes protectoras sientan que la supervivencia está en juego. Si esto ocurre, de alguna manera lucharán o huirán para evitar salir de nuevo heridas o perder por completo su esencia.

Todos estos miedos son señales de que nuestro sistema interno está tratando de protegernos, y cada parte que teme el cambio, duda de su capacidad o se aferra a lo conocido lo hace porque en algún momento de nuestra historia aprendió que esa era la mejor forma de mantenernos a salvo.

Sin embargo, hoy tenemos algo que antes no teníamos: **más años, más recursos, más comprensión, así como la posibilidad de construir nuevas formas de relacionarnos con nosotras mismas.** No necesitamos forzar el cambio ni eliminar esas protecciones de golpe. En lugar de eso, podemos aprender a escucharlas con curiosidad y compasión, permitiéndoles **encontrar un nuevo equilibrio donde sentirnos seguras.**

Todas tenemos una voz compasiva innata dentro de nosotras que nos habla y es capaz de sostenernos con amabilidad.

Si tus experiencias pasadas silenciaron o moldearon esta voz, te abrazo, pero quiero que sepas que podemos reconstruirla. Que puedes hablarte con el mismo cuidado con el que querrías haber sido mirada, tratada y querida.

Estas partes, que quizá todavía duelen, no definen al cien por cien quién eres, pero forman parte de tu historia, y comprenderlas te permite ver que las heridas con las que cargas tampoco son tu identidad. De hecho, las dinámicas del pasado que moldearon tu autoestima no son inamovibles. **Ahora, en el presente, puedes construir una familia interna que sea un reflejo de un hogar lleno de luz, amor, seguridad y compasión para ti.**

No te mereces menos.

7

RECONSTRUIR LA VOZ DE TU AUTOESTIMA: SOBRE LA CRÍTICA Y LA COMPASIÓN

> Tú sabes, tú puedes, tú vales, lo canta la tierra que pisan tus pies.
>
> LA OTRA, «Solo para ti»

¿Cómo te hablas a ti misma cuando te enfrentas a una situación incómoda, difícil o desafiante? Vuelve a ese lugar dentro de ti al que acudes cuando sientes que hay algo que ya deberías haber superado, cuando estás sintiendo algo que te parece que no deberías sentir, cuando una tarea está siendo más difícil de lo que parecía al inicio...

Del mismo modo que las dinámicas de relación que vivimos de manera externa con nuestras figuras de apego se reproducen a nivel interno, algo similar ocurre con nuestra forma de comunicarnos con nosotras mismas y de contarnos lo que pasa a nuestro alrededor.

Nuestra voz es más que un medio para comunicarnos, es el reflejo interno de las experiencias que hemos vivido.

Así, en función de cómo haya sido nuestra historia vital, nuestra voz será un reflejo de nuestra autenticidad o algo que nos aleja de ella. Precisamente, esta continua conversación con nosotras mismas puede influir en nuestra autoestima, en la forma en que atravesamos situaciones y afrontamos distintos desafíos cotidianos o vitales. Veamos cómo.

Así no me motivo ni me esfuerzo: sobre la crítica, la indulgencia y el punto medio

Hace un tiempo, impartí una sesión de terapia grupal sobre diálogo interno a un grupo de mujeres que querían cuidar de sí mismas y no sabían cómo hacerlo de manera compasiva. En concreto, recuerdo lo revelador que fue el siguiente ejemplo:

> Imagina que eres la mamá de una niña pequeña, de unos siete años, por ejemplo, y que has entrado a su habitación por la mañana para levantarla y decirle que hay que ir al colegio, pero ella refunfuña y se hace la remolona en la cama. La primera respuesta seguramente sea amorosa y comprensiva: «Venga, cariño, levanta, que tienes que ir al colegio». Pero ¿qué pasa si esto no funciona y tienes que repetir el procedimiento más veces hasta que lo consigues? Probablemente, las formas enseguida cambien: «Si ahora tienes sueño, te aguantas. Ayer ya te dije que tenías que irte a dormir pronto y no me hiciste caso», que tal vez

suene como «Espabila, que, si llegamos tarde, será por tu culpa» o «Tú misma, al final voy a tener que castigarte».

Después de compartir este relato, me dirigí a las mujeres y les pregunté directamente: «Vale, está claro que tiene que levantarse de la cama e ir al colegio, así que... ¿se os ocurre alguna forma de animarla a hacerlo desde el amor? ¿Cómo le haríais llegar ese "espabila" con cariño?». Las miradas entre ellas y el silencio sepulcral que recibí delataban la **ausencia de referencias; no conocían ninguna alternativa amorosa y amable para esos momentos**.

¿Alguna vez has escuchado esa frase que reza «Quiéreme cuando menos lo merezca, será cuando más lo necesite»? Quizá hablar a los demás, y hablarnos a nosotras mismas, desde ese lugar amable es fácil cuando las cosas van bien o salen según lo planeado, cuando estamos tranquilas... Lo difícil, en cambio, quizá sea hacerlo cuando las cosas no salen como queremos o esperamos, cuando la situación se complica...

Rápidamente, en aquella sesión, no tardaron en llegar los miedos a hablarnos desde ese lugar amoroso. Algunas mujeres dijeron:

- «Si me hablo así, tan suave, no me motivo; necesito caña».
- «Es que, si me hablo así, con tanta compasión, me lo voy a permitir todo».

Y así, hablando de nuestra voz crítica y de nuestra voz permisiva o indulgente, aparece **una tercera voz**. **Es la voz de la**

compasión, que se sitúa en el centro del espectro, en un punto de equilibrio.

Voz indulgente	**Voz compasiva**	**Voz crítica**

De nuevo, imaginemos la situación de la niña remolona que no quiere levantarse para ver qué forma puede tomar esta indulgencia.

Una voz crítica diría: «Siempre igual, nunca haces caso cuando te digo que te acuestes temprano, y ahora te quejas de sueño. Espabila ya, que no es mi problema; si llegamos tarde, será culpa tuya. No tienes excusa».

A esta voz, que podríamos identificar como una parte protectora de nuestro sistema interno, la reconocemos porque **se enfoca en lo que no se está haciendo bien**, pero **no busca entender ni conectar emocionalmente**. Así, aunque su intención puede ser motivar en aras de un objetivo beneficioso, el efecto que genera la crítica es de **culpa y exigencia**. Y es que busca conseguir que se haga algo «a toda costa», sin tener en cuenta las emociones o necesidades de quien recibe el mensaje.

En el otro extremo encontramos a la **voz permisiva**, o la parte sobreprotectora, que trata de evitar la incomodidad. A pesar de que también tiene buena intención, pues nuestras partes internas siempre tratan de evitar el conflicto, el efecto en este caso es que la situación pueda prolongarse en el tiempo. Además, **no nos ayuda a aprender a afrontar las dificultades ni sus consecuencias.**

Esa voz indulgente diría: «Bueno, está bien, si ahora tienes sueño, puedes quedarte un ratito más en la cama, podemos llegar un poquito más tarde. Pero mañana ya sí, ¿vale?».

Se trata de un estilo de comunicación bastante suave, pero, a largo plazo, puede no ser útil para enseñar responsabilidad. Al hablar de este modo, no ponemos un límite claro ni se refuerzan las consecuencias de no seguir la rutina, por lo que aprendemos que podemos evitar asumir las responsabilidades cuando nos cuesta cumplirlas. Sin embargo, a la larga, nos genera mucha frustración darnos cuenta de que esto nos dificulta poner límites en las relaciones, e incluso los compromisos nos provocan ansiedad.

Por su parte, **la voz compasiva**, que es una de las cualidades del *self*, **busca la conexión emocional, la comprensión para animar y ayudar a atravesar la situación con cariño**. Su objetivo es generar un ambiente de confianza para que se lleve a cabo la tarea sin añadir presión excesiva y dando la oportunidad al otro de colaborar y construir.

Así, una voz compasiva diría: «Cariño, sé que cuesta levantarse pronto, sobre todo cuando tienes sueño. A mí también me ha pasado hoy. Pero ya es hora de empezar el día, así que, como es algo que vamos a tener que hacer, ¿te parece si lo hacemos más fácil? ¿Cuentas hasta cinco y te ayudo a salir de la cama? Va, una, dos, tres, cuatro y... ¡cinco!».

A medida que nos conocemos más y mejor, sabemos qué es lo que nos lo puede facilitar. Quizá nos motiva levantarnos pronto para no ir con prisas, o ponernos una música relajante mientras nos desperezamos… Cada persona debe encontrar sus estrategias. **No obstante, lo más compasivo que podremos**

hacer con nosotras mismas no tiene que ver realmente con hacer algo, sino con no machacarnos por no hacerlo.

La voz compasiva es firme pero amorosa; entiende la dificultad o la incomodidad sin ser permisiva; motiva sin ser exigente, y, aunque no te lo parezca, te acompaña desde la estructura y la responsabilidad sin que eso afecte a la relación.

Volviendo al ejemplo de la niña en la cama, el recuerdo de la voz crítica que permanece en nuestro estilo de comunicación es real hasta cierto punto: cuando esa voz crítica nos impulsaba a levantarnos, no lo hacíamos tanto por una verdadera comprensión o sentido de la responsabilidad, sino más bien por miedo a la autoridad o al sentimiento de culpa si no lo hacíamos. En este caso, la motivación que nos llevaba a actuar estaba más relacionada con evitar el castigo o la desaprobación que con un verdadero entendimiento de por qué debíamos levantarnos y en qué medida era bueno para nosotras.

Sin embargo, no necesitamos solo la dureza para avanzar, ni tampoco la indulgencia para sentirnos bien; hoy es posible encontrar un equilibrio que nos ayude a tolerar la incomodidad. Ambas voces, tanto la crítica como la indulgente, están enfocadas en un mismo objetivo: protegernos de lo desagradable, incómodo o difícil.

La vida tiene momentos difíciles, desagradables e injustos, y a veces creemos que, una vez que reparemos heridas y reforcemos nuestra autoestima, estaremos libres de volver a sentirlos. No obstante, lamento decirte que no será así, pero sí que puedo asegurarte que puedes aprender a gestionarlos sin sacar conclusiones erróneas sobre ti misma y tu valía, acompañándote en ellos.

Si en nuestra infancia predominaba la voz crítica, es probable que hoy nos sintamos frustradas cuando nos equivocamos y que esa crítica nos acompañe durante días sin que haya un aprendizaje final. Por el contrario, si en nuestra infancia **predominó la voz indulgente**, es probable que hoy nos sintamos abrumadas con las situaciones que requieren constancia y esfuerzo, por lo que dejamos tareas para más tarde o esperamos que otra persona las resuelva.

A veces, para evitar la incomodidad, nos asentamos en la comodidad, por ejemplo, cuando procrastinamos ir a entrenar. En muchas ocasiones, para recibir los beneficios de algo (en este caso, el ejercicio físico) tendremos que atravesar una franja de incomodidad. Sin esa parte previa, no conseguiremos la otra. Podemos intentar saltárnosla, evitarla, posponerla, y de este modo, sí, ampliamos la franja de comodidad un poquito, pero luego la incomodidad será mayor, porque se convierte en aquello que no he hecho, lo que he pospuesto; se nos hace más bola, en definitiva.

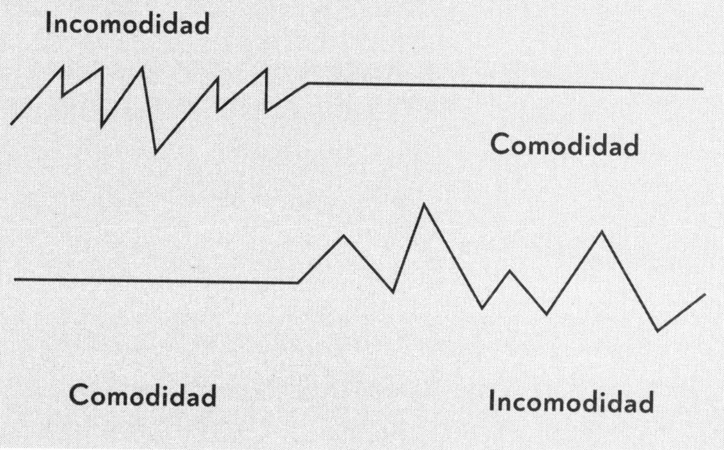

Además de en nuestro diálogo interior, esto saldrá a relucir en nuestras relaciones. Así, desde la crítica podemos ser muy exigentes con los demás, pues esperamos que cumplan expectativas muy altas, o elegir relaciones que refuerzan la autocrítica. Desde la indulgencia, en cambio, podemos tener tendencia a ser permisivas con los demás, de modo que toleramos comportamientos que no contribuyen ni a la seguridad ni al crecimiento, o evitamos confrontaciones necesarias. Esto puede llevarnos a relaciones en las que no se fomentan las responsabilidades ni el esfuerzo mutuo. **Es natural, pues, que hoy nuestro diálogo interno esté marcado por los extremos.**

Cuando crecemos, descubrimos y exploramos el mundo desde esta dicotomía, diferenciando el «portarse bien» del «portarse mal».

El problema surge cuando no ha habido espacio ni explicación para los matices, y eso ha dado lugar a las confusiones y las incoherencias. **Sin embargo, podemos abrir los ojos a esos matices y buscar el equilibrio en la compasión.**

Me da miedo ser una mala persona: la voz de la aproximación y la defensa

En la infancia, entendemos el mundo en términos de «buenos» y «malos», y, para nosotras, las personas que más cerca tenemos, independientemente de su trato, son nuestras figuras de apego y referencia. Estas se encuentran, sin duda, en el lado de los «buenos», pues dependemos de ellas para sobrevivir.

Sin embargo, a veces estas personas hacen cosas que nos duelen o que no entendemos, y es entonces cuando surge nuestro primer conflicto interno: **«Son buenos, pero lo que hicieron me hizo sentir mal»**. Como niñas, cuesta sostener dos ideas opuestas a la vez. Por eso, en nuestro diálogo interno, gestionamos nuestras emociones de dos maneras principales: a través de la voz de la aproximación, que intenta justificar el malestar para mantener el vínculo, y de la voz de la defensa, que se defiende o rechaza lo que nos hace daño.

La voz de la aproximación habla de nuestra necesidad de mantener la conexión con quienes nos cuidan, de poner el foco en lo «bueno» que nos hacen sentir para sentirnos seguras, de centrarnos en el amor, la curiosidad, la alegría... No obstante, aunque de niñas esta voz nos hace sentir seguras, de adultas puede llevarnos a minimizar nuestras propias emociones y necesidades y a no valorar de manera realista el trato que recibimos, solo por mantener la cercanía con el vínculo.

En cambio, **la voz de la defensa es la que nos avisa cuando algo nos hace sentir mal y nos ayuda a identificar situaciones que no nos gustan**. Sin embargo, si cuando somos pequeñas escuchamos con demasiada frecuencia esta voz, esto nos genera un problema: nos sentimos culpables, temerosas y dependientes. Nos parece que estamos poniendo en peligro el vínculo, y por eso aprendemos a silenciar esa voz y, con ella, nuestra vergüenza, rabia, miedo o tristeza. Pero al reprimir esa voz interna que nos señala lo que no está bien, nos desconectamos de las emociones desagradables, creyendo que sentirlas es malo.

Resulta sumamente complicado lidiar con este dilema cuando solo somos niñas, pues aceptar que una persona que queremos puede hacernos daño nos hace sentir inseguras o en peligro. Así, aprendemos a no cuestionar a nuestros cuidadores y, en su lugar, ponemos en duda lo que sentimos. Además, nos sentimos culpables y juzgadas por experimentarlo, y acabamos pensando:

- «Será que he hecho algo mal y por eso papá está enfadado».
- «Cada vez que estoy triste, mamá se enfada; no debería darle problemas».
- «Soy una mala persona por sentirme así».

Si crecimos reprimiendo la voz de la defensa, de adultas podemos seguir repitiendo este patrón. Por eso, nos sentimos culpables cada vez que nos permitimos enfadarnos, poner límites o priorizar nuestras necesidades, y cuestionamos y dudamos sin cesar de si es lícito o no lo que sentimos:

- «Debería ser más comprensiva en vez de molestarme, soy muy intransigente».
- «Si fuese menos sensible, esto no me afectaría tanto y lo llevaría mejor».
- «No debería sentir rabia; no quiero ser una mala persona, ni tampoco rencorosa».

Así pues, si has crecido pensando que portarse bien y ser buena significa no enfadarnos o no poner límites, déjame decirte que nada más lejos de la realidad. Eso sí: ahora, como adulta, puedes cuestionar esta creencia, y es que **ser buena persona nunca debería significa dejar de ser tú misma**.

Nuestra autoestima no se construye
a partir de la nada.

Como hemos visto, se forma a partir de las voces externas e internas que escuchamos desde la infancia. Estas voces, que nos dicen cómo debemos tratarnos a nosotras mismas, cómo interpretar lo que sentimos y cómo valorarnos, pueden hacernos daño, pero también podemos hacerles entender que merecemos que nos hablen desde la compasión.

Esto es lo que le ocurrió a Emma, una paciente de treinta y tres años. Después de ser mamá, empezó a acudir a sesiones de terapia conmigo porque sentía que no sabía poner límites a su entorno y no quería que, al crecer, su hija sintiera que no la había defendido de ciertas situaciones.

Emma creía que, para poner límites, tenía que verse a sí misma fuerte, y no entendía por qué se le formaba un nudo en el estómago cada vez que tenía que alzar la voz por ella y por su hija. Quería que se le diera tan bien como a su madre, aunque reconocía que esta a veces usaba un tono cortante y desagradable para comunicarse. De modo que creía que en su entorno no tenía referencias de una voz que se alineara con su esencia y sus necesidades.

Ella estaba enseñándole a su hija sobre los límites de su cuerpo y el consentimiento, y no quería forzarla a dar besos si no le apetecía. Sin embargo, cuando iba a casa de sus suegros, tenía que escuchar constantemente: «Si no le das un beso a la yaya, se pone triste». En esos momentos, veía que su hija, mientras buscaba su mirada, apartaba la cara y ponía las manos para alejarse. Sin embargo, Emma miraba hacia otro lado.

Para ella, era importante que su familia política tuviera una buena opinión de ella, y creía que, si ponía límites, rompería esa imagen y la relación cambiaría... a peor. Debido a su historia, en su sistema interno había silenciado la voz de la defensa, y su parte complaciente le impedía decir la verdad sobre cómo se sentía para no incomodar a los demás. Todavía recuerdo la sesión en la que todo empezó a cobrar sentido para ella. Fue más o menos así:

Marta: Vale, entiendo que hay una parte de ti que quiere decirle algo a tu suegra, pero que quiere sentirse segura para hacerlo, sin ese nudo en el estómago.

Emma: Sí, me da rabia no poder hacerlo y ya está, sin ponerme nerviosa y que se me note.

Marta: Ah, te da rabia, ¿y cómo sientes eso en el cuerpo?

Emma: Uf, es una sensación incómoda; aquí, en las tripas, como un remolino que quiero que desaparezca.

Marta: Y si te dijera que sentir esa rabia quizá es la forma de sentirte segura, ¿estarías interesada en conocer más sobre eso?

Emma: No lo sé, depende de lo que me pidas...

Marta: Tranquila, no te obligaré a hacer nada que no quieras. ¿Has sentido alguna vez que el hecho de que se forme ese remolino en tu interior puede ser un aviso, una forma de decirte: «Por ahí no, esto no te gusta, haz algo, di algo para cambiarlo»?

Emma: Vaya, pues nunca lo había pensado así. En cierto modo, me alivia verlo de esta forma, la verdad. El problema es que me da miedo decir algo y pasarme de la raya, y que entonces todo se vaya al garete. Tampoco quiero estar a malas con mi suegra...

Marta: El objetivo de una comunicación compasiva con nosotras mismas también es que podamos expresar lo que incomoda para que el vínculo sea más seguro y duradero. Cuando no me interesa mantenerlo ni seguir invirtiendo tiempo y energía en él, quizá no me esfuerzo en cómo digo las cosas, ¿no te parece?

Emma: Ya, visto así, tiene todo el sentido del mundo... Pero ¿cómo se lo digo?

Marta: Detente y piensa. ¿Cómo se te ocurre decírselo? Como me lo explicabas a mí me parece una buena forma de hacerlo...

Emma: Sí, creo que le diría que sé que ella no lo hace con mala intención, pero quiero enseñarle a su nieta que puede elegir la forma de saludar y que no quiero que muestre afecto si en un momento dado no le apetece...

Marta: ¿Qué tal te suena eso?

Emma: Ufff, no lo sé... Todavía me parece un poco borde; va a ser difícil, pero prometo intentarlo.

Marta: Piensa que tu parte complaciente no va a permitir que seas desagradable con ella, sino que tratará de cuidar las formas. Sin embargo, a la vez, ese remolino te va a dar la fuerza necesaria para poner los límites que necesitas.

La historia de Emma refleja su dificultad para comunicar los límites sin sentirse culpable o sin pensar que su familia política la rechazará por eso. Este es un relato muy habitual, por lo que tal vez, de un modo u otro, puedas sentirte identificada. Esto puede suceder sobre todo si tu historia vital ha estado marcada por el miedo a no ser lo suficientemente buena y, por ello, en tu sistema interno tienes una parte complaciente muy fuerte, como le ocurría a Emma. En aquella sesión, descubrió que **su incomodidad y su rabia no eran un problema que evitar, sino una señal que podía guiarla para defenderse sin perder su esencia ni romper el vínculo**.

Cuando Emma no ponía límites, esa rabia que no se había liberado se quedaba enquistada dentro de ella y alimentaba su autocrítica con palabras hirientes como: «Otra vez lo mismo», «¡¿Cómo puede ser que seas incapaz de decir nada?!» o «Lo estás haciendo fatal». Así pues, juntas trabajamos para que lo que sentía **encontrase la forma de salir sin dañarla, para que dejara de dolerle**.

Cuando hablamos de compasión, también hablamos de **asertividad**. Este estilo de comunicación nos permite establecer el equilibrio necesario para darle voz a lo que sentimos y comunicarnos con respeto, y **nos ayudará a sentirnos más seguras de nosotras mismas y de nuestra valía**.

El café frío y los estilos de comunicación

Es un sábado por la mañana. Has salido a hacer unos cuantos recados y hace un día maravilloso, increíblemente soleado y con un toque de frescura primaveral que invita a disfrutar cada minuto. Ahora mismo te apetece parar y relajarte, y, para eso, tomarte un café calentito al sol en una terraza es justo lo que necesitas. Así que te sientas en la cafetería de la esquina de tu casa, donde el camarero te recibe con una sonrisa. En breve te traerá tu pedido: un café descafeinado con leche templada, para no tener que esperar demasiado tiempo a que se enfríe. Pasan un par de minutos y aquí está: el camarero se acerca con ese rico café. Agarras la taza y te recreas en esos instantes previos al primer sorbo. Pero entonces... lo notas, y la decepción te invade, algo tan simple, pero tan frustrante, hace que tu día perfecto se desmorone: el café está completamente frío.

Las personas que acompaño en consulta seguro que están cansadas de este ejemplo, porque no me canso de recurrir a él por lo ilustrativo que es. Este concepto, basado en el libro de Raquel Ballesteros *¡Camarero, este café está frío!*, nos brinda una gran oportunidad para hablar sobre los distintos tipos de comunicación y nos ofrece herramientas para aprender a comunicarnos con asertividad.

Volvamos a la escena del sábado por la mañana. Acabas de dar el primer sorbo a la taza de café y, ¡sorpresa!, es terrible. Una persona que se comunica **desde la agresividad** seguramente pedirá explicaciones y exigirá de malas formas una compensación, quizá con una frase parecida a: «¿No me has oído cuando te lo he pedido o qué? Te he dicho con leche templada, no congelada. Haz el favor de traerme otro, pero esta vez con la leche templada».

En el otro extremo del espectro, la persona que se comunica **de manera pasiva** es muy probable que no diga nada. Seguramente, se callará y, si está acompañada, comentará algo como: «No pasa nada, míralo... Tiene mucho trabajo, y ha sido supermajo. Ya me cogeré otra cosa luego, o me lo tomo frío».

El estilo de comunicación **más adaptativo** es, en cambio, el de la persona asertiva. Esta, con educación, pediría lo que desea: «¿Podrías calentarme un poco más el café, por favor? Este está un pelín frío».

Este ejemplo tan sencillo es un punto de partida muy interesante para revisar los diálogos que entablamos con las personas de nuestro entorno y cómo estos han marcado nuestros vínculos. Un paso necesario para, más adelante, entender nuestro diálogo interno.

EJERCICIO

Tómate una pausa y reflexiona: ¿qué estilo de comunicación ha estado más presente en tu alrededor?

- Una comunicación abierta y asertiva, en la que podemos hablar sin tapujos, pero con cuidado y respeto hacia la otra persona, con quien estamos discutiendo y que percibe cómo nos sentimos.
- Una comunicación agresiva, donde se imponen las ideas mediante amenazas, descalificaciones y un tono fuerte o gritos.
- Una comunicación pasiva o indirecta, donde los temas difíciles se evitan, no se les da importancia o se esconden bajo la alfombra y, si aparecen, es en forma de indirectas.

Más allá de estos tres estilos básicos, en la dinámica familiar también podemos encontrar **estilos pasivo-agresivos**. En ellos, se expresa la incomodidad, la descalificación o la crítica de forma encubierta, con ironía o sarcasmo, lo que también puede generar mucho dolor. En estos casos, a veces puede aparecer el **doble vínculo**, un concepto de la teoría de comunicación disfuncional del antropólogo inglés Gregory Bateson. Según este, un doble vínculo es una situación comunicativa en la que se dan mensajes contradictorios, que confunden al interlocutor y hacen que no sepa cómo reaccionar. Por ejemplo, cuando nos dicen: «Tú verás lo que haces», pero tenemos muy claro que, para la persona que emite el mensaje, solo hay una idea correcta de lo que debería pasar, o cuando un amigo asegura: «Puedes contar conmigo», pero luego, cuando eres honesta sobre tus necesidades, se enfada o no responde como dijo que haría.

Para entender cómo la comunicación externa moldea nuestro diálogo interno y, en consecuencia, nuestra autoestima, quiero hablarte de **la docena sucia**: doce distorsiones cognitivas o errores de pensamiento muy comunes en los trastornos de la conducta alimentaria. Uno de los orígenes del modelo de IFS (con el que estamos trabajando juntas en este libro) fue acompañar a adolescentes con una relación complicada con el cuerpo y la imagen, así que me parece muy interesante compartir estos pensamientos automáticos y adaptarlos al trabajo de la autoestima. Esto te ayudará, a la hora de reconocerte, a ver cómo interiorizaste todo lo que escuchaste de pequeña y cómo te comunicas desde esas creencias, que se vuelven reglas o mandatos:

1. **La bella o la bestia:** hace referencia al pensamiento dicotómico, que se mueve entre extremos del tipo todo o nada, blanco o negro, o si no soy guapa, soy fea. Las personas con este tipo de comunicación interna con frecuencia han escuchado en el entorno familiar mensajes como: «Si no sacas la mejor nota, significa que no eres lo suficientemente inteligente».
2. **El ideal irreal:** al sufrir esta distorsión, tomamos como referencia un modelo irreal de persona, socialmente aceptado

por nuestro entorno, para evaluarnos a nosotras mismas. Pero las comparaciones son odiosas, y es fácil que compararnos con ese ideal nos lleve a tener que lidiar con una baja autoestima. «Si no te esfuerzas más, nunca vas a ser tan exitosa como tu hermana mayor» es una frase habitual en estos casos.

3. **La comparación injusta:** esta distorsión hace que, al compararnos, siempre estemos en una situación de desventaja con respecto a aquellos con los que nos comparamos; «perdemos» porque los demás son mejores. Así, es probable que nos dijeran algo como «Mira a tu primo, él sí que sabe cómo hacer las cosas bien».
4. **La lupa:** esta distorsión aumenta nuestros defectos, pero no las cualidades. Es como si lleváramos unas anteojeras a los lados que nos impiden ver todo el camino, solo nos muestran lo que tenemos frente a nosotras. Y, cuando la persona tiene una baja autoestima, solo vemos aquello que más nos llama la atención, que es lo que nos genera malestar. En este caso, quizá en casa escucharas frases como: «Siempre eres desordenada, nunca haces nada bien».
5. **La mente ciega:** esta distorsión, al contrario que la anterior, minimiza lo positivo ante cualquier estímulo externo. Así, ante una valoración positiva, nuestra mente encuentra una excusa para rechazarla: «No has hecho nada especial, cualquiera podría haber hecho algo así».
6. **La mala interpretación de la mente, o personalización:** creemos que lo que pensamos de nosotras mismas también es lo que piensan los demás. Por eso, si en el presente te sientes insegura, tal vez crees que los demás pensarán lo mismo de ti. Y esto puede ser un reflejo de afirmaciones del pasado

como: «Seguro que todos piensan como yo; si sigues así, nadie te querrá».

7. **Fealdad radiante** (muy parecida a la lupa): esta distorsión se siente como una bola de nieve gigante. Comienza por una crítica, que se encadena con otra, y luego otra... Empieza, pues, criticando la parte de nosotras que no nos gusta, pero se extiende de aspecto en aspecto y acaba por anular todo el conjunto. Por ejemplo, si no me gusta mi nariz, entonces tampoco me gusta mi cara. Este pensamiento puede reflejar frases que nos decían en casa, como: «No se te dan nada bien las matemáticas» o «Nunca se te dieron bien los estudios».
8. **El juego de la culpa:** en la docena sucia original, esta distorsión hace que cualquier suceso negativo se atribuya al cuerpo. Sin embargo, en esta adaptación atribuimos la culpa de lo ocurrido a algún aspecto de nuestra personalidad que nos genera dolor. Por eso, nos decimos cosas como: «Si algo no sale como quiero, es solo por mi culpa; es normal, no me esfuerzo lo suficiente».
9. **La predicción de las desgracias:** como su nombre indica, esta distorsión nos lleva a tener la certeza de que, en el futuro, nos ocurrirán cosas malas, como si fuéramos una pitonisa capaz de verlo en las cartas. Por supuesto, ese futuro lleno de desgracias se debe a que no somos válidas: «Si te muestras como eres, no les caerás bien».
10. **La belleza limitadora:** este aspecto nos frena a avanzar hasta que no consigamos una cualidad concreta, hasta que no consideremos que somos válidas. Por ejemplo, podemos decirnos: «Hasta que no esté en esta talla, no me pondré este vestido». Esto también se extrapola a creer que hay

ciertas cosas que no forman parte de nuestra personalidad. Así, aseguramos: «Tú nunca harías esto, te preocupas demasiado», como si tu personalidad fuera inmutable, lo cual te impide explorar otros aspectos de ti misma.

11. **El sentimiento de sentirse horrible:** desde esta distorsión, que nos hace creer que no somos válidas, construimos una verdad absoluta. Esto nos impide creer en las opiniones positivas y nos vuelve incapaces de pensar que estas nos definen, porque, si nos sentimos horribles, para nosotras no hay margen para la duda: es que lo somos. «Hoy me siento horrible, no soy capaz de hacer nada bien, y, aunque otras personas me digan lo contrario, sé que no es verdad. Si yo me siento así, es porque algo está mal conmigo, y no hay nada que pueda cambiar eso», aseguramos, convencidas.
12. **El reflejo del mal humor:** en esta distorsión, la insatisfacción, que puede estar causada por aspectos externos (como haber tenido un mal día), se atribuye a un único elemento: aquello que no nos gusta de nosotras mismas. Es como si metiéramos en un cajón de sastre todo lo que nos provoca malestar y nos centráramos en un único aspecto: «Me siento así por ser tan crítica».

En lugar de reconocer que el malestar proviene de factores que escapan de nuestro control, lo dirigimos hacia lo que no nos gusta de nosotras mismas.

Imagina que has tenido un día agotador en el trabajo, lleno de estrés y frustración. Cuando finalmente sales, empieza a llover torrencialmente, el metro se inunda y tienes que volver a casa andando, empapada y agotada. Al fin llegas, desbordada y de mal humor. Sin embargo, en lugar de reconocer lo que realmente te ha afectado, te miras al espejo y, de repente, lo único que ves es lo que no te gusta de ti misma: has llegado a casa con el pelo despeinado, y todo el mundo te ha visto, así que te invade una sensación de ridículo y vergüenza. Te empiezas a criticar, buscando todo lo que está mal en tu aspecto, y, en vez de liberar el estrés acumulado, terminas aún más abrumada y agotada, como si tu frustración y cansancio se hubieran sumado a una carga interna adicional.

Todo lo que hemos visto sobre nuestras voces internas y las distorsiones que afectan a nuestra autoestima refleja cómo nos hemos comunicado con nosotras mismas a lo largo del tiempo, a menudo sin compasión ni comprensión. Estas voces son el eco de las respuestas que dimos a un entorno que, en ocasiones, nos enseñó a ser demasiado exigentes o críticas, lo que impidió una comunicación interna más amorosa y equilibrada.

Nuestro mundo interno no se ha creado de la nada. Una parte complaciente puede haberse formado en respuesta a un ambiente en el que poner límites era sinónimo de conflicto; una parte perfeccionista puede haberse desarrollado para evitar el rechazo o la crítica que recibía en cada interacción familiar, y una parte crítica puede haber nacido a partir de las voces de quienes nos señalaban constantemente los errores, magnificándolos y minimizando lo positivo.

Para poder cambiar este patrón, es necesario empezar a escuchar y reconocer esas voces, aunque sin identificarnos por completo con ellas.

Solo cuando entendemos el origen de cada una de esas partes podemos hablarles con compasión, pues somos conscientes de que lo que necesitaban en el pasado ya no es necesario ahora.

Date permiso para usar tu voz

La clave para la autoaceptación no es solo «pensar bonito» sobre nosotras mismas, sino reconstruir nuestra relación con esas partes internas que nos limitan. Esto implica entender de dónde viene el diálogo interno que nos condiciona y así poder hablar a estas partes desde un lugar de compasión y guiarlas hacia la confianza en nosotras mismas. Así, igual que Emma aprendió a identificar el remolino en sus tripas como una señal para poner un límite, podemos reinterpretar nuestras emociones y creencias, darnos permiso para sentirlas y acompañarnos desde nuestra esencia.

Cuando hablamos de «permiso», nos referimos a situarnos en un estado adulto, tal como lo definió Eric Berne, padre del análisis transaccional, una teoría que nos ayuda a entender cómo interactuamos con nosotras mismas y con los demás. **Como adultas, tenemos las herramientas necesarias para darnos permiso para ser auténticas, para expresar nuestras emociones, cambiar nuestras creencias aprendidas, protegernos y sentir poder.**

Según la teoría del análisis transaccional (PAN), cada persona tiene tres roles fundamentales: **padre, adulto y niño**. El rol de padre refleja las voces autoritarias o críticas que recibimos por parte de las figuras de autoridad, el rol de niño está vinculado a nuestras emociones y reacciones impulsivas, y el del adulto es el rol racional y equilibrado, que puede evaluar la situación de manera objetiva, sin las distorsiones de los otros dos.

Otro de los conceptos clave del análisis transaccional es el guion de vida, que se forma en nuestra infancia a partir de las decisiones que tomamos sobre quiénes somos, cómo debemos actuar y cómo debemos sentirnos en diversas situaciones. Este guion, aunque sin duda nos da una sensación de seguridad, también puede limitarnos.

Según el PAN, para liberarnos de este guion y de los roles de padre y niño, necesitamos tres permisos fundamentales: el permiso de poder ser quienes realmente somos, el de tomar decisiones conscientes y responsables, y el de protegernos estableciendo límites saludables para evitar caer en los patrones heredados del pasado.

Estos tres aspectos son esenciales para desarrollar nuestra autonomía, pues nos permiten abandonar los mandatos limitadores que seguimos desde nuestra infancia, como la necesidad de ser perfectas o fuertes, y nos ayudan a dejar de «obedecer» a nuestro guion. No obstante, para darnos permiso necesitamos saber en qué nos limitaron:

- **No seas:** «No existas, no atiendas tus necesidades». Aprendiste a sentirte una carga y a tratar de ser invisible.
- **No seas tú:** «No hagas tanto ruido, que molestas a todos». Aprendiste a pasar de puntillas en vez de pisar fuerte.
- **No seas importante:** «Tú, en la mesa, oír y callar. No puedes hablar si no se te pregunta». Aprendiste a no ocupar espacio, a no hacerte notar y mucho menos a sobresalir y destacar.

- **No seas niña:** «Estás desquiciada, con esos gritos», «Me vuelves loca cuando estás así de contenta», «No llores por esa tontería», «Sé fuerte, que la vida se pondrá peor y no puedes llorar siempre». Aprendiste a reprimir lo que sientes y a ser adulta antes de tiempo.
- **No crezcas:** «Mientras seas mi hija, seguirás obedeciendo». Aprendiste a depender y a creer que no puedes asumir responsabilidades de adulta.
- **No lo hagas:** «No te esfuerces, nunca llegarás a cambiarlo». Aprendiste que no vale la pena afrontar las dificultades y tratar de ser resiliente ante las adversidades.
- **No pertenezcas:** «Eres diferente a los demás, nunca vas a encajar». Aprendiste a no hablar de tus intereses y te obligas a que te guste lo mismo que al resto.
- **No estés bien o no estés sana:** «Cuando estás malita, me quedo contigo». Aprendiste que solo cuando estás enferma mereces estar acompañada, lo que puede llevar a buscar la validación a través de la enfermedad.
- **No te acerques:** «No seas pesada» (cuando das abrazos o quieres hablar de algún tema que te importa). Aprendiste a tomar distancia de los demás, tanto física como emocionalmente, para evitar el rechazo y que se rompa la conexión.
- **No pienses por ti misma:** «No armes un jaleo, haz lo que te digo». Aprendiste a creer que pensar distinto, tener en cuenta tus ideas o cuestionarte está mal.
- **No sientas:** «No se te puede decir nada». Aprendiste que expresar tus emociones lleva a situaciones difíciles en casa, de modo que prefieres callar.

Todos estos mandatos nos hablan de cómo se ha configurado nuestra voz a través de los mensajes que oíamos en nuestro entorno. Sin embargo, esta no nos define, podemos actualizarla y pasarle nuestro filtro.

Cuando no somos conscientes de que nuestro modo de pensar está relacionado con los mensajes que nos han inculcado, estos pueden tener consecuencias en el presente. Así, si nos hicieron creer que tenemos que esforzarnos por no destacar y nos repetían «no seas importante», esto puede hacer que en el trabajo evitemos pedir un aumento, un cambio de posición o unas vacaciones. O, si nos pedían «no crezcas», eso puede hacer que nos dé miedo mudarnos de casa o asumir responsabilidades, pues nos parece que, si avanzamos, abandonamos a nuestra familia, y sin ella nos sentimos pequeñitas. **Sin embargo, ser conscientes de estos mandatos e identificarnos en ellos puede ayudarnos a ir al encuentro de nuestra verdadera voz**, como le ocurrió a Clara, una paciente.

Clara era una joven de veinticuatro años a la que, aparentemente, todo en la vida le iba bien: tenía un buen trabajo, una buena relación de pareja, una buena relación con su familia... Sin embargo, **le costaba mucho bajar el ritmo**. Iba a mil por hora y no sabía cómo parar, aunque lo necesitaba. Juntas, trabajamos durante varias sesiones para entender de qué manera su incapacidad de descansar y cómo se hablaba en ese contexto estaba relacionado con la comunicación en su casa, que había configurado todas las creencias sobre sí misma y había influido en su autoestima.

Clara se quedaba la última en el trabajo, cambiaba todos los turnos cuando se lo pedían, terminaba los informes a las compañeras, prestaba dinero para la máquina del café..., y todo lo hacía con una sonrisa. Y, además, nunca pedía nada para sí misma. Sin embargo, un día, después de trabajar sin descanso en un informe durante toda una semana, revisando cada detalle, corrigiendo errores, cuando se lo entregó a su jefa y esta le dijo: «Está bien, aunque en la última página falta un dato», estalló.

Para cualquiera, este comentario podría haber sido solo una observación puntual, pero para Clara fue devastador: era incapaz de ver el reconocimiento por todo lo que había hecho. Su atención se centró únicamente en el error, algo imperdonable para ella. <u>En su discurso interno, ese detalle significaba que todo su trabajo era malo y que no era lo suficientemente buena.</u>

Esa noche, Clara no pudo dejar de pensar en las palabras de su jefa, en su gesto, en su vergüenza... «Siempre me equivoco, nunca hago nada bien», se decía una y otra vez. Cuando lo expresó en consulta, aprovechamos la sesión para realizar el dibujo que te muestro a continuación, para que puedas identificar si te ocurre lo mismo que a Clara.

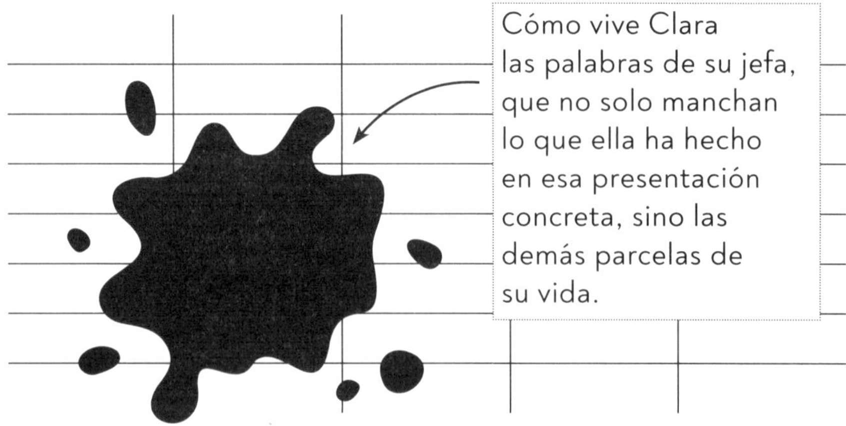

Cuando la jefa de Clara le señaló aquel pequeño detalle, Clara sintió que no solo la criticaba por ese error, sino que todo su valor como persona quedaba en entredicho. En su mente, ese simple comentario anulaba cualquier bondad o virtud que pudiera tener. Por eso, en su interior, pensaba que no era merecedora de descanso y que tampoco era suficiente tal como era.

Esta creencia, profundamente arraigada desde su infancia, la llevaba a un círculo vicioso: Clara sentía que solo merecía un descanso si era perfecta. Para lograr esa perfección, se sobresforzaba constantemente, dejando de lado sus necesidades y agotándose en el proceso. No obstante, como no podía alcanzar la perfección deseada, sentía que fallaba, lo que reforzaba su creencia de que no merecía descanso. El resultado era un agotamiento constante y la sensación de nunca ser suficiente.

Este discurso interno se había formado desde pequeña por influencia del entorno familiar. Por ejemplo, cuando Clara era niña, sus padres solían hacer comentarios como: «Si no sacas buenas notas, no mereces un día libre» o «No lo hiciste suficientemente bien, tienes que esforzarte más». Estos mensajes, repetidos una y otra vez, fueron grabándose en su interior y le enseñaron que solo siendo perfecta podría ser digna de descanso o reconocimiento. Sin saberlo, Clara fue construyendo una narrativa interna en la que la validación personal dependía de cumplir con unos estándares inalcanzables. Este patrón la acompañó hasta su vida adulta, cuando continuó buscando la perfección a costa, entonces, de su bienestar.

Todas las formas de comunicación disfuncional, como la que Clara mantenía consigo misma, pueden ser igualmente dolorosas para la construcción de nuestra voz interna. Sin embargo, las que son explícitamente agresivas suelen ser más fáciles de identificar, tanto para nosotras como para los demás. En cambio, hay dinámicas más sutiles que también afectan de un modo muy profundo a nuestra autoestima, pero que pueden ser mucho más difíciles de percibir o de poner en palabras.

Es especialmente frustrante y confuso cuando no hay un «problema» claro o un «conflicto» aparente. En estos casos, este no se ha expresado de forma directa, pero sientes que algo no va bien. No se dice de forma abierta, y, como no se ha discutido ni aclarado, comienzas a dudar de ti misma. Esta incertidumbre se convierte en una herida profunda a tu esencia, porque no se trata solo de sentirte rechazada, sino de una sensación más sutil y silenciosa. Es, de algún modo, como si no existieras o como si tu experiencia, tus pensamientos y tus sentimientos no tuvieran valor. **La falta de reconocimiento y de validación clara mina la confianza en ti misma y crea un vacío difícil de llenar**, ya que no sabes si tu percepción es válida o si simplemente estás «imaginando» algo que no existe.

El silencio o la ambigüedad se convierten
en la forma más sutil y destructiva de invalidación.

Otra manera de invalidarnos es la **desconfirmación**. Este concepto forma parte de los patrones de comunicación disfuncional que se dan en las dinámicas relacionales y se refiere a **cuando una persona ignora, invalida o minimiza tu experiencia, tu identidad o tus emociones**.

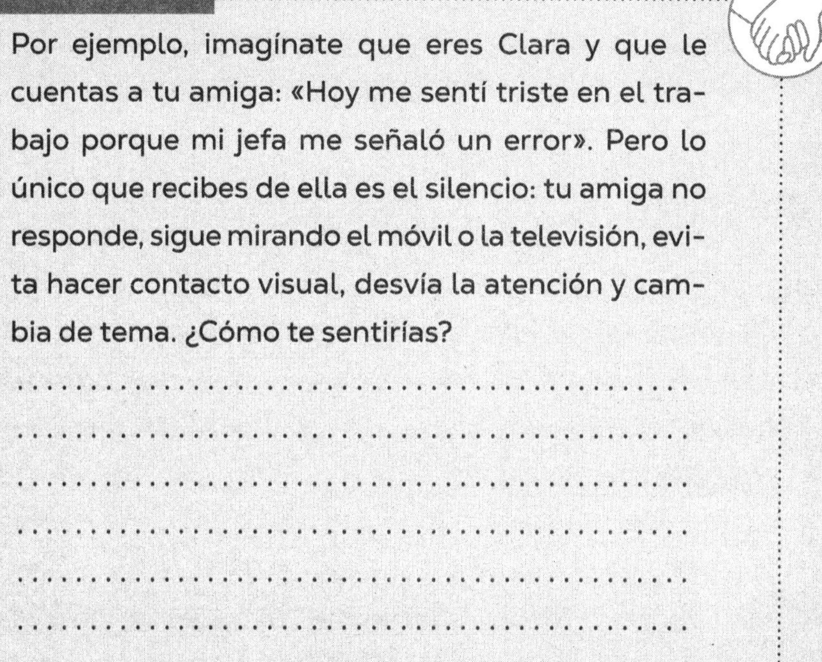

EJERCICIO

Por ejemplo, imagínate que eres Clara y que le cuentas a tu amiga: «Hoy me sentí triste en el trabajo porque mi jefa me señaló un error». Pero lo único que recibes de ella es el silencio: tu amiga no responde, sigue mirando el móvil o la televisión, evita hacer contacto visual, desvía la atención y cambia de tema. ¿Cómo te sentirías?

Cuando Clara contaba las cosas en su casa, le respondían con indiferencia. No criticaban su emoción ni tampoco la validaban, sino que actuaban como si esa emoción no tuviera espacio ni derecho a existir. En consecuencia, Clara sentía que no tenía derecho a sentirla. Con el tiempo, esto llevó a que se sintiera incapaz de confiar en sí misma y necesitase la validación de los demás para creer en sus propias sensaciones y sentimientos.

Otra forma de invalidarnos, parecida a la desconfirmación, es la **manipulación de la realidad, hacer luz de gas** o *gaslighting*. En este caso, la persona duda de su percepción, memoria o juicio, ya que, cuando expresa su punto de vista, recibe respuestas como «Eso no pasó así, te lo estás inventando» o «No fue tan grave, siempre eres demasiado dramática».

Esta dinámica es especialmente dolorosa porque, dado que somos seres sociales, necesitamos ser vistas y reconocidas. Por eso, cuando se nos ignora, sentimos que nuestro valor depende de la aceptación externa. Esto explica la sonrisa eterna de Clara, que tuvo que adaptarse y sacrificar su autenticidad para evitar ser rechazada, tanto en el trabajo como en casa.

Otro ejemplo claro de conducta comunicativa disfuncional es la **ley del hielo**, con la que se ignora a la otra persona como forma de castigo. En este caso, el silencio actúa como un muro, pues impide cualquier explicación o diálogo. Así, la persona que lo recibe queda atrapada en una espiral de culpa, sin saber qué ha hecho mal ni cómo solucionar la situación. Este silencio no solo genera frustración, sino también una sensación de **invisibilidad emocional**: es como si no importaras, como si no tuvieras valor suficiente para ser escuchada o entendida. Este tipo de dinámica afecta profundamente a la autoestima, ya que nuestra identidad y nuestro sentido de valía se construyen en el contexto de la experiencia relacional. Por eso, cuando somos ignoradas de esta manera, nos sentimos solas, como si nuestra esencia no tuviera espacio en la relación. Aprendemos entonces a adaptarnos desde un **«falso** ***self*»** y, así, ocultamos nuestras verdaderas emociones y necesidades para intentar ser aceptadas, pero lo hacemos a costa de ignorar a la persona que realmente somos.

Estos patrones de comunicación afectan a nuestra autoestima porque aprendemos a vernos a través de los ojos de quienes nos rodean.

Y, si repetidamente hemos sido ignoradas o invalidadas, es probable que hayamos interiorizado un diálogo interno propio de una voz crítica que nos dice: «Mis emociones no importan, por eso tengo que centrarme en las de los demás», «Tal vez estoy exagerando y debería dejar de darles vueltas a las cosas», «Si muestro cómo soy, me rechazarán, así que es mejor adaptarme».

Es posible que nuestra comunicación sea pasiva y nuestro diálogo interno con nosotras mismas sea muy crítico, como en el caso de Clara. Quizá, en cambio, hay partes de nosotras que se esfuerzan tanto en no enfadarse que se ocupan de complacer o de ser «perfectas» para evitar el rechazo, mientras que otras partes se sienten profundamente heridas y desprotegidas, pues esa voz de defensa «ataca» hacia dentro en vez de hacia fuera.

Es decir, no utilizamos nuestra voz para poner límites o defender nuestras necesidades, sino que reprimimos la rabia y la dirigimos contra nosotras mismas, transformándola en autocrítica, vergüenza o autoexigencia extrema. Esto se debe a que de niñas, cuando dependíamos emocionalmente de nuestras figuras cuidadoras para nuestra supervivencia, nuestro entorno nos hizo sentir que expresar la rabia o la frustración ponía en riesgo el amor, la aprobación o la conexión con quienes nos rodeaban. En consecuencia, aprendimos a suprimir esas emociones para mantener el vínculo.

Reconstruir nuestro diálogo interno es, entonces, un acto de compasión hacia nosotras mismas. No significa eliminar nuestra crítica por completo, sino usar su fuerza para protegernos, para afirmar: «Esto no me gusta», «Esto me hace daño» o «Esto es importante para mí».

En lo que se refiere a nuestro diálogo interno y a las partes extremas que nos han hecho ser quienes somos hoy, ahora no se trata de elegir entre callar o atacarte, sino de **aprender a defenderte con respeto, empezando por cómo te hablas a ti misma**.

Poner límites no te hace mala persona, te hace libre.
Y esa libertad te permite alejarte de los extremos para
tratarte con la ternura que mereces y decirte con cariño
y firmeza que no hay nada malo en ti.

8

EL SILENCIO DE TU AUTENTICIDAD: SOBRE PÉRDIDA Y PERTENENCIA

I make no apologies, this is me. (No me disculpo, esta soy yo).

KEALA SETTLE, «This is me»
(BSO *The Greatest Showman*)

Cada vez que la pareja de Núria le preguntaba qué quería cenar, ella le respondía: «Me da igual, lo que tú prefieras». A pesar de eso, la mayor parte de las veces no le daba lo mismo, sino que tenía un deseo concreto. Sin embargo, había algo en ella que creía que, si era demasiado específica, demasiado exigente, podría molestar. Así que durante años dejó de lado su opinión, fue quedándose atrás y cada pequeña renuncia cotidiana parecía confirmar que ser fácil de querer era, sobre todo, ser fácil de llevar.

Si en el pasado silenciaron nuestra autenticidad, eso significa que no pudimos ser nosotras mismas, que nuestra autoestima no se basó en «ser», sino en el «hacer» de una parte protectora que se ocupó de que fuéramos aceptadas y queridas. No obstante, **trabajar en nuestra autoestima nunca debería ser**

un proceso para conseguir ser «alguien distinta y mejor». Al contrario, debería implicar volver a nuestra esencia, a lo que siempre fuimos antes de que lo que nos ocurrió nos dijera que eso no era suficiente.

Conocer nuestras partes internas significa echar la vista atrás y dejar que nos cuenten su historia para sanar.

Conocer nuestras partes implica decirles que ya no tienen que protegernos de esa forma, que ahora podemos guiarlas nosotras desde un estado adulto hacia un futuro en el que ya sabemos cuidarnos y querernos como merecemos.

La adulta que hay en ti

El **estado adulto**, una idea recogida en la teoría de Eric Berne (de quien hemos hablado en el capítulo anterior), es **una versión de ti misma sabia y compasiva**, que recoge la información y decide desde la cabeza y el corazón, desde el pasado y el presente. En el modelo IFS, esta versión de ti se define a través de lo que se conoce como las 8C: claridad, compasión, coraje, confianza, conexión, creatividad, calma y curiosidad. Estas se consideran que son cualidades innatas a todas nosotras que, si trabajamos de forma equilibrada, nos permiten sanar y vivir de manera más auténtica. Veámoslas más en detalle:

- La **claridad** hace referencia a la capacidad de ver las cosas como son, sin un juicio excesivo ni distorsiones. Significa, pues, darnos cuenta de que no somos malas personas por sentir rabia, sino que tan solo estamos sintiendo esa emoción. Esta cualidad nos permite reconocer lo que pasa dentro de nosotras sin amplificarlo ni negarlo, de modo que así no tomamos decisiones impulsivas desde el miedo, la culpa o el malestar.
- La **compasión** hace referencia a la capacidad de tratarnos a nosotras mismas con ternura; cuando, después de un día difícil, en lugar de repasar mentalmente lo que no hemos hecho, somos capaces de centrarnos y reconocernos en lo que sí que hemos hecho. Esta cualidad nos ayuda a ser más amables con nosotras mismas y con los demás, y es necesaria para establecer vínculos profundos.
- El **coraje** hace referencia a la capacidad para tomar decisiones, aunque sean difíciles o supongan una amenaza para nuestra integridad, como, por ejemplo, cuando queremos poner límites y, a pesar de que nos preocupan las consecuencias, nos atrevemos a hablar con honestidad y a actuar desde nuestro sentir. Esta cualidad, pues, nos ayuda a ser fieles con nosotras mismas, incluso cuando eso implica incomodar a los demás o asumir riesgos.
- La **confianza** hace referencia a la capacidad de manejar lo que ocurre, aunque no lo sepamos de antemano. En este sentido, si antes necesitabas controlar las situaciones, ahora confías en que lo lograrás, a pesar de que no sepas cómo lo harás. Esta cualidad nos ayuda a afrontar la incertidumbre aun sin tener todas las respuestas y a creer en nosotras mismas y en los recursos con los que ya contamos.

- La **conexión** hace referencia a la capacidad para vincularnos con los demás y con nosotras mismas de forma auténtica, sintiendo que formamos parte de algo mayor que nosotras, que tenemos un propósito. Se da, pues, cuando decimos la verdad sobre nuestros intereses, aunque no coincidan con los de los demás. Esta cualidad nos ayuda a sentirnos parte de algo sin dejar de ser quienes somos.
- La **creatividad** hace referencia a la capacidad de ver las cosas desde otro lugar, de tener ideas diferentes y abordar obstáculos de manera distinta y desde la flexibilidad. Así, por ejemplo, somos creativas cuando, en vez de considerar nuestra timidez un problema, decidimos ser respetuosas con lo que necesitamos para mostrarnos tal como somos en realidad. Esta cualidad nos permite dar con nuevas soluciones a problemas que se repiten y verlos con una nueva perspectiva que nos permita abordarlo de manera flexible.
- La **calma** hace referencia a la capacidad de estar presente desde el equilibrio y una posición serena, sin reacciones impulsivas, a pesar de que seamos conscientes de nuestras emociones más abrumadoras. Esta cualidad nos permite detenernos a tomar aire y perspectiva antes de actuar, para no reaccionar y responder cuando las emociones son más intensas.
- La **curiosidad** hace referencia a la capacidad de abrirnos a descubrir lo que sentimos, siendo capaces de explorar qué quiere decir una emoción en vez de obligarnos a dejar de sentirla. Esta cualidad de no juzgar nuestras emociones, sino de explorarlas nos abre la puerta a nuevos aprendizajes.

Cuando estas cualidades están más presentes en nuestra vida, nos sentimos más conectadas con nosotras mismas, lo que nos lleva a un «*self* suficiente». Esto no significa que seamos perfectas ni que estemos al cien por cien, sino que hemos aprendido a aceptarnos tal como somos. Sanar es entender, en definitiva, que no necesitamos ser perfectas para estar bien, sino ser auténticas y realistas con nosotras mismas. Así pues, cuando este «*self* suficiente» está más presente, sentimos una profunda conexión con nosotras mismas y experimentamos los beneficios de algunas de esas cualidades, y esto **nos permite ser más libres para elegir quién queremos ser**.

Al empezar a mirar con compasión nuestras partes internas, las que nos ayudaron a encajar, a sentirnos seguras o a evitar el dolor, algo cambia dentro de nosotras y, siempre que es posible, dejamos de reaccionar desde ese «piloto automático». Poco a poco, surge un espacio dentro de nosotras que nos permite elegir desde qué parte actuamos, pero poniéndonos a nosotras como prioridad.

Es entonces cuando adquirimos la conciencia necesaria para tomar decisiones alineadas y vivir así de una forma más auténtica, más propia, más nuestra.

Nuestros valores no están en lo que nos exigieron, sino en lo que nos hace sentir vivas y en conexión. Por eso, al empezar a vivir de acuerdo con ellos y no con los viejos mandatos, comenzamos a reconciliarnos con quiénes somos.

Conocer nuestras partes internas y permitir que nuestra adulta o *self* las lidere no es solo un camino hacia el encuentro de nuestro verdadero yo, sino **también un proceso de des-**

pedida. Para aprender a querernos de verdad, necesitamos comprender que aquello que creíamos que era nuestra personalidad quizá eran en realidad las versiones de nosotras que, en su momento, nos protegieron.

Esas partes lo hicieron lo mejor que pudieron para mantenernos a salvo, pero hoy ya no necesitamos aferrarnos a ellas de la misma manera. Y, aunque crecer y ocupar nuestro lugar como adultas nos da más libertad, esta viene acompañada de una sensación de pérdida. Al fin y al cabo, **dejar atrás lo que antes nos sostuvo, a pesar de que ya no nos sirva, siempre implica un duelo**.

Conocer nuestros valores nos ayuda a ser conscientes de qué es realmente importante para nosotras y a descubrir qué queremos a pesar de las heridas, los miedos y las dificultades.

El hombre y el dragón

Sara, una paciente de treinta y siete años, sufría de insomnio cuando llegó a mi consulta. Aunque no era la primera vez que le ocurría, en los últimos años se había hecho más recurrente debido a sus interminables jornadas de trabajo, al ritmo acelerado que llevaba y a lo incierto de su futuro. Este estaba plagado de dudas vitales que la abrumaban: ser madre o no, vivir en un pueblo o en la ciudad…, de modo que, en el momento de tomar decisiones sobre estas cuestiones, sentía un agobio que la paralizaba. Sin embargo, en el día a día, su actitud era la contraria: no dejaba de tomar decisiones, aunque lo hacía desde una parte de ella que no priorizaba el descanso, sino el producir.

Había crecido rodeada de mensajes como «Tú puedes con todo», «Las cosas siempre salen bien para la gente buena y trabajadora» o «En la vida todo se logra con esfuerzo», por lo que **había construido su vida y su valor alrededor del éxito que tuviera en el trabajo**. Por eso, creció creyendo a pies juntillas en la ecuación de «esfuerzo + ser buena persona = éxito y reconocimiento», algo que, durante un tiempo, la había llenado.

Por ello, trabajaba sin descanso, decía que sí a todo, aceptaba todos los proyectos que le surgían independientemente de si le interesaban o no. A pesar de eso, no siempre obtenía los resultados que imaginaba. Así, la frustración no tardó en llegar, pues se dio cuenta de que la ecuación que siempre había creído que daba sentido a su vida no funcionaba como esperaba.

La invadió entonces una sensación de injusticia: sentía que otros, con menos esfuerzo y caminos más fáciles, alcanzaban lo que a ella tanto le costaba. Esto reforzaba la idea de que tenía que exigirse más para que todo le saliera bien y demostrarse así que era suficiente.

Y de ese modo, sin darse cuenta, seguía alimentando el patrón que había aprendido en su casa y que guiaba su parte interna: **exigirse al máximo, buscar la validación externa y frustrarse cuando la realidad no se ajustaba a sus expectativas**.

Su insomnio era, pues, la reacción a algo en su interior que necesitaba atención. Sin embargo, al principio, Sara no estaba dispuesta a cuestionar todos esos mensajes que hasta entonces habían dado sentido a su existencia. No era capaz de ver que esa visión optimista y sobreprotectora de su infancia, adolescencia y primera juventud le había ocultado una realidad: que el mundo no siempre es justo, que el esfuerzo no garantiza el resultado y que compararse la alejaba de sí misma.

Sara nunca había hecho el duelo por la niña que había sido, la que creía que, si lo hacía todo bien, la vida la recompensaría. Tampoco había llorado por las veces en que se había sentido invisible, comparada o insuficiente, una pérdida que era real. Sin embargo, **las decisiones que tomaba en el presente le daban la posibilidad de romper un ciclo sin fin**.

El verdadero descanso no vendría cuando terminara todos sus proyectos, ni cuando por fin sintiera que había hecho suficiente. En realidad, el verdadero descanso estaba más relacionado con soltar la necesidad de probar constantemente su valor y vivir desde lo que en verdad la hacía sentir plena. Debía, pues, **construir una vida partiendo de sus propios valores**.

Por ese motivo, una de las primeras cosas que hicimos en terapia fue trabajar los valores, y lo hicimos a través de **la metáfora del hombre y el dragón**.

Érase una vez un hombre que vivía en una casa tranquila al pie de una colina. Amaba su hogar, cultivaba la tierra, pasaba tiempo con su esposa e hijos y disfrutaba de la compañía de sus amigos. **Llevaba una vida feliz y sencilla.**

Un día, descubrió que, en la cima de la colina, cerca de su casa, vivía un dragón. Al verlo, sintió un gran miedo e incluso pensó en mudarse con su familia, pero amaba demasiado ese lugar para abandonarlo. Entonces, decidió hacer algo para evitar que el dragón pudiera bajar: construyó un muro en la entrada de su cueva para encerrarlo en ella.

Sin embargo, al día siguiente, el dragón rompió el muro y salió. El hombre, preocupado, intentó atraparlo de nuevo. Esta vez, se quedó junto a la cueva para asegurarse de que no escapara. Aun así, cada vez que bajaba a casa, el dragón volvía a aparecer.

Con el tiempo, el hombre comenzó a pasar cada vez más horas en la colina para vigilar al dragón. Descuidó a su familia, dejó de ver a sus amigos y perdió el interés en su trabajo. Solo pensaba en asegurarse de que el dragón no bajara.

Sus seres queridos intentaban ayudarlo, y le decían: «El dragón siempre ha estado ahí y nunca ha hecho daño a nadie. ¿Por qué no intentas olvidarlo?». Pero el hombre se molestaba cuando le decían eso. Con el tiempo, se volvió huraño, distante y ansioso.

Entonces, un día, llegó un científico al pueblo. Escuchó la historia del hombre y decidió investigar. Al observar la colina, descubrió algo importante: **el dragón no podía ir más allá de la entrada de su cueva, porque el sendero que conducía al valle era demasiado estrecho y no podía atravesarlo**.

Cuando el hombre escuchó sus palabras, sintió un gran alivio, pues al fin entendió que el dragón nunca había sido una amenaza. Sin embargo, su miedo no desapareció del todo. Pasados unos días, sintió la necesidad de subir a la colina y asegurarse de que el dragón seguía allí, ya que pensaba: «Sé que no puede salir, pero... ¿y si pasa algo inesperado? ¿Y si el científico se equivoca?».

Y, así, el hombre volvió a su vieja rutina de vigilancia. Se sentía atrapado en una paradoja: por un lado, estaba cansado de estar pendiente del dragón, pero, por otro, no podía dejar de hacerlo.

Tras contarle la historia a Sara, le pregunté: «¿Es en realidad un problema irresoluble el que tiene el protagonista de la fábula?». Ahora, te lanzo a ti la misma pregunta. Tómate unos instantes para reflexionar antes de seguir leyendo.

Efectivamente, no lo es. Sin embargo, aunque el problema no es irresoluble, el hombre lo vive como si lo fuera. A pesar de que racionalmente sabe que el dragón no puede llegar al valle, sigue subiendo a la cueva porque la incertidumbre se le hace insoportable.

La situación de Sara era similar: en su caso, el «dragón» era la creencia de que siempre tenía que hacer más para ser suficiente. Aunque racionalmente entendía que su valor no dependía de su productividad ni de la aprobación externa, en su interior no existía ese consenso. Por ello, seguía tomando las decisiones desde las partes que reforzaban esa creencia en vez de hacerlo desde su parte adulta.

En la fábula, el problema del hombre no es el dragón, sino la relación que tiene con él.

Si te sientes identificada con esta historia, es posible que, igual que a Sara, te parezca que encerrarlo o comprobar constantemente que sigue ahí es la mejor forma de conseguir la tranquilidad y seguridad relativa que buscas. Pero lo cierto es que, aunque no sea agradable escucharlo, necesitamos **aprender a convivir con la incertidumbre**.

Durante esa sesión, Sara comprendió que muchas de sus decisiones no nacían del deseo, sino del miedo a las consecuencias. También entendió que aceptar que el mundo no era justo y que el esfuerzo no garantizaba el éxito no significaba rendirse ni dejar de implicarse, sino aprender a elegir dónde invertir su energía y comprender que no era necesario luchar todas las batallas como si la vida le fuera en ello.

A partir de ese momento, nuestro trabajo se centró en **re-**

ajustar su brújula de valores para guiarla y acompañarla a enfrentarse a su dragón desde la compasión y la autenticidad.

Tu brújula personal: los valores que marcan tu destino

Semanas después, cuando volví a ver a Sara, me dijo: «He pasado algunas noches sin dormir…, pero esta vez no era por ansiedad. Me quedaba pensando en cómo quiero vivir. Y, cuanto más lo pensaba, más claro veía que la forma en la que estoy viviendo no se parece a lo que deseo. Y eso me asusta».

Por primera vez, no huía de esa sensación, así que le propuse construir su brújula de valores para que pudiera caminar con más libertad, aunque el dragón aún siguiera rugiendo.

Si el concepto de los valores te resulta complejo de comprender, te invito a pensar en muchas de las películas de héroes contra villanos que has visto. En la mayoría de los casos, el enfrentamiento se debe a un conflicto de valores. Pongamos un ejemplo que seguro que te suena: ¿recuerdas a Simba y Scar, de *El rey león*?

El choque entre ellos se debe en gran parte al valor que cada uno de ellos le da a la familia (perdón por reabrir la herida de Mufasa justo cuando ya empezábamos a superarlo… Sí, lo sé, todas fingimos superarlo, pero en el fondo es una herida sin cicatrizar).

La toma de conciencia de nuestros valores es esencial para sentirnos bien con nosotras mismas y poder sanar.

Unos valores claros son como una especie de brújula vital ante los obstáculos.

Por lo general, vamos tan rápido por el mundo que no nos detenemos a pensar en qué cosas nos gustaría que nos definiesen y por las que se nos recordase. No obstante, hacerlo, sin duda, tiene múltiples beneficios: nos ayuda a ver con mayor claridad y orienta nuestros pasos cuando nos enfrentamos a una situación adversa; nos da seguridad y nos ayuda a regular nuestra conducta en comunidad.

EJERCICIO

Para construir tu lista de valores, a continuación te dejo un listado de algunos de los más habituales entre las personas a las que acompaño para que puedas reflexionar sobre cuán presentes han estado en tu vida y cómo te gustaría integrarlos de forma más consciente en tu día a día.

Valores personales: honestidad, independencia, voluntad y modestia.
Valores «familiares»: lealtad, gratitud, obediencia y optimismo.
Valores sociales y comunitarios: solidaridad, respeto, altruismo y empatía.
Valores morales y éticos: dignidad, entereza, bondad y prudencia.
Valores profesionales y de desarrollo: liderazgo, productividad, disciplina y responsabilidad.

Valores espirituales (relacionados con el propósito y el sentido de la vida): paz interior, armonía, fe y pureza.
Valores relacionados con la salud: descanso, equilibrio, energía y tranquilidad.
Valores materiales y de éxito: logro, popularidad, estatus y reconocimiento.
Valores intelectuales: conocimiento, imaginación, inteligencia y aprendizaje.

Cada valor actúa como un filtro que da sentido a la realidad y motiva nuestras decisiones. Esto explica, pues, que, en función de cómo sea nuestra historia de vida y cómo se hayan configurado nuestras partes internas —y según cuáles sean los valores que predominan en nuestro día a día—, distintas personas respondamos a una misma situación de manera diferente.

Imaginemos por un momento que una persona recibe el siguiente comentario en el trabajo por parte de su jefe: «Te has esforzado mucho, pero creo que podrías mejorar y presentar un informe más organizado. La idea está bien, pero la presentación es algo desordenada».

La forma en que reaccionamos a ese comentario dependerá de **nuestras partes internas** (basadas en experiencias pasadas y formas de sobrevivir), **nuestras respuestas protectoras** (la regulación de nuestro sistema nervioso) y **nuestros valores** (lo que priorizamos en la vida y a partir de lo cual construimos nuestra identidad). Por eso, algunas personas recibirán este comentario como una crítica; otras, como una confirmación; otras, como una exigencia, y otras, como una ridiculización que activa la vergüenza de ser como somos y conecta de nuevo con la sensación de que hay algo malo en nosotras. Veamos cómo lo percibirían distintas personas:

Cómo lo vive la parte protectora-luchadora de Carol: cuando Carol escucha el mensaje, siente esas palabras como un ataque a su esfuerzo. Desde pequeña ha aprendido que tiene que defenderse para que no la pisoteen, así que se encara con su jefe y le espeta que cómo se atreve, que es la única de la oficina que hace más de lo que le toca y que, aun así, nunca es suficiente. Tras soltar esas palabras, sale del despacho dando un portazo y sintiendo que nadie valora su trabajo.

Cómo lo vive la parte evitativa de Marta: casi en el mismo momento en que escucha esas palabras, Marta desconecta de lo que hay a su alrededor y en su cabeza no deja de repetirse: «Madre mía, qué desastre, seguro que ya están pensando en reemplazarme». Como ha aprendido a evitar cualquier situación en la que siente que puede fallar, aprovecha el descanso de la comida para recoger sus cosas y volver a casa. De hecho, ni siquiera sabe si volverá al trabajo al día siguiente: en su cabeza, su única opción es irse antes de que la encuentren y la echen, o, como diría Hermione Granger, la amiga estudiosa de Harry Potter: «Me voy a la cama antes de que alguno de los tres muera, o, peor, sea expulsado».

Cómo lo vive la parte que se desconecta de Daniela: Daniela sonríe y asiente. Su compañera, que escucha la conversación con su jefe, quiere hablar con ella, pero Daniela no le da espacio a lo ocurrido. En vez de eso, se queda clavada frente al ordenador, con la mirada ausente, y termina la jornada laboral en piloto automático. Cuando llega a casa, pide cena a domicilio, se sirve una copa de vino y se pone su serie favorita para evadir así cualquier malestar interno.

Cómo lo vive la parte que se avergüenza de Isabel: en cuanto su jefe le suelta el comentario y le indica la forma «correcta» de hacerlo, Isabel siente que le arden las mejillas. Asiente rápidamente mientras intenta que no se note cuánto le ha afectado. Su parte exigente quiere hacerlo todo bien a la primera, mientras que su parte complaciente necesita gustar, así que, aunque por fuera parece tranquila, por dentro una oleada de vergüenza la ha dejado paralizada. El resto del día se esfuerza el doble, en silencio, sin levantar la voz, intentando compensar «el fallo» y demostrarse así que aún puede ser válida.

Cómo lo vive la parte que se culpa de Laura: Laura baja la mirada, pide perdón y promete hacerlo mejor la próxima vez. Al instante, empieza a pensar que es un completo desastre; siempre comete fallos y cree que decepciona a todo el mundo. Después del trabajo, acude a una merienda con sus amigas todavía sumida en una terrible sensación de vergüenza que hace que esté toda la tarde repasando la escena, buscando errores y castigándose mentalmente.

Cómo lo vive la parte que se justifica de Anastasia: en cuanto escucha la observación de su jefe, Anastasia siente un nudo en el estómago y, casi sin pensarlo, empieza a hablar rápido para intentar justificar lo ocurrido: «Sí, claro, lo que pasó fue que ese día estaba cubriendo también el informe de Elena, y, además, hubo un cambio de última hora en los datos..., pero normalmente no es así, de verdad». Al salir del despacho, repasa mentalmente todo lo que ha dicho mientras se pregunta si se ha explicado bien o si se han hecho una idea equivocada de ella y debería haber dicho otra cosa. No se enfada, pero se queda inquieta, con la sensación de tener que demostrar que no ha fallado tanto como parecía.

La respuesta de tu adulta no es la «respuesta correcta» ni tampoco la «incorrecta» (porque esto, sencillamente, no existe), sino que es **la que más cuida de ti y de los demás**, la que más te conviene, la que más calma te aporta a pesar de la incomodidad. Desde el *self*, podemos darnos un espacio para sentir, sostener y responder sin quedar atrapadas en respuestas automáticas originadas por viejas heridas.

Así pues, desde la adulta, en la situación del ejemplo anterior, reconoceríamos la sensación en el cuerpo, quizá sentiríamos cierta presión en el pecho y tendríamos un primer pensamiento que surge de la herida y dice: «Otra vez lo he hecho mal». Sin embargo, pasado el impacto, podríamos acompañarnos para observar el dolor y validarlo diciéndonos: «Sé que duele». Seríamos capaces, entonces, de contradecir las conclusiones a las que llegamos de manera automática, y nos diríamos frases como «Esto no significa que haya algo malo en mí, solo que se ha activado una parte de mí que quiere hacerlo todo bien y no soporta la idea de equivocarse». Desde la calma, al escuchar la observación, seríamos capaces de no reaccionar a la defensiva ni tampoco justificándonos, sino con una respuesta más equilibrada, como, por ejemplo: «Gracias por el *feedback*, la verdad es que me esforcé mucho, pero me gustaría saber cómo podría organizarme mejor e intentarlo la próxima vez».

Cuando activamos este modo de respuesta «adulta» y nos mantenemos constantes, al responder a la necesidad y acoger la herida, somos capaces de no quedarnos atrapadas en el malestar porque sabemos que el error no define quiénes somos ni cambia nuestra esencia ni valor personal.

Más allá de las partes que ya hemos visto, podemos encontrar otras: una rumiativa que sobrepiensa, otra que se exige en demostrar que puede, una que minimiza la crítica y se desentiende de ella, otra complaciente que quiere recuperar el valor y la estima que siente que ha perdido, una que busca aliados y validación en los compañeros, otra racionalizadora... Todas son válidas y tienen un porqué.

Las reacciones de nuestras partes internas, igual que las respuestas de nuestro sistema nervioso, son en cierta manera automáticas: no podemos elegir cuál aparece primero. Sin embargo, sí que podemos, una vez que tomamos conciencia de cuál de ellas predomina y domina nuestra respuesta, escoger desde otro lugar que nos permita construir una visión más actualizada al contexto y a nuestra capacidad de sostener la incomodidad.

El trabajo con valores es un aspecto más que añadir a todo el proceso terapéutico de reparación de heridas y a la construcción de una relación segura con nosotras mismas.

En el caso de Sara, por ejemplo, este trabajo fue clave. Al indagar en su historia, descubrimos que su insomnio no se debía únicamente a aspectos superficiales, como el estrés del día a día, sino que era también la manifestación corporal de una idea relacionada con su infancia, con su sistema nervioso y con sus partes internas. Sara cargaba con un aprendizaje muy concreto sobre el descanso; para ella, era un lujo que solo se ganaba cuando «se había logrado avanzar lo suficiente». Por ello, cuando paraba, una parte de ella le decía: «Si paras, todo por lo que has luchado se vendrá abajo» o «El descanso es para los más trabajadores». Tras reflexionar sobre ello, esta frase nos pareció una versión actualizada del mensaje que muchas recibimos de pequeñas: «Hasta que no acabes los deberes, no puedes salir a jugar».

Esta creencia de Sara la empujaba a hacer más, a aceptar más, a esforzarse más. Había aprendido que su valor dependía de su rendimiento, por lo que, cada vez que un proyecto llegaba a su fin, en lugar de sentir satisfacción, experimentaba un vacío acompañado de una crítica interior que le decía: «Esperaba más de ti», «Esperaba sentirme de otra forma al conseguirlo». ¿De dónde nacía este mensaje que minimizaba sus éxitos? ¿Qué creencia la hacía sentir que nunca era suficiente, aunque lograra lo que se proponía?

Marta: ¿Cómo vienes hoy, Sara?
Sara: Bien..., más o menos. He intentado descansar más, he dicho que no a algunas cosas en el trabajo, pero... no lo sé. Siento que debería estar más satisfecha al respecto. Ya he entregado el proyecto y lo han aprobado, pero... me esperaba más.
Marta: «Me esperaba más». ¿Te suena esto? ¿Es una sensación o una frase que has escuchado antes?

Sara: Sí, cada vez que logro algo, por importante que fuera para mí conseguirlo, ya sea algo laboral o personal, siento que no era suficiente.

Marta: ¿Podemos quedarnos un momento con esa sensación? Si tuviera una forma o una textura en tu cuerpo, ¿cómo la describirías?

Sara: Es como una presión en el pecho, como un nudo que no desaparece.

Marta: Y si ese nudo pudiera hablar, ¿qué crees que te diría?

Sara: «Deberías haberlo hecho mejor». Es una frase que me recuerda a lo que solía decirme mi padre... No era cruel, pero, cuando sacaba buenas notas, como un notable, su respuesta siempre era: «Bien, aunque podrías haber sacado más». Algo parecido me dijo cuando conseguí mi primer trabajo..., y podría hablarte de muchas más situaciones, pero nunca es suficiente.

Marta: Por lo que me cuentas, parece que esa frase no es realmente tuya. ¿Cómo lo sientes?

Sara: Sí... Y creo que por eso siempre me esfuerzo tanto, porque sigo esperando el momento en el que, por fin, me sienta suficiente. Que sea suficiente a ojos de los demás, no solo para mí.

Marta: De acuerdo... Y ¿qué pasaría si ese momento nunca llega porque la vara de medir siempre se desplaza cada vez más arriba, para motivarte a llegar cada vez más alto?

Sara: Es triste decirlo en voz alta, pero creo que entonces me pasaría la vida corriendo y esforzándome al máximo, pero sintiendo que no llego a ninguna parte, sin alcanzar el éxito... Siempre sentiría que estoy a punto de tocarlo con la punta de los dedos, pero que no lo alcanzo.

Marta: Exactamente, ¿qué crees que le habría gustado escuchar a esa Sara a la que le decían «Bien, pero podrías haber sacado más nota»?

Sara: Creo que, si me hubieran dicho: «Aunque podía ser mejor, has hecho suficiente, eres valiosa tal como eres, te quiero siempre por quien eres, no por lo que haces», todo habría sido tan distinto...

Marta: Me lo imagino, esa niña merecía saberlo... Y, aunque tal vez no escuchaste esas palabras en el pasado, hoy tienes el poder de decírtelo a ti misma.

Sara: ¿Y cómo lo hago? ¿Por dónde empiezo?

Marta: ¿Cómo te sentirías si, en lugar de repetir la voz de la exigencia, esa voz que siempre te pide más, comenzaras a hablarte desde la suficiencia de así está bien, y te dijeras: «Así estoy bien», «Soy suficiente y válida»?

Sara: Suena demasiado fácil... Es decir, me alivia en parte, pero también me parece forzado. Siento que es un mensaje que no va conmigo, no sé si podré interiorizarlo.

Marta: Claro, y es lo más normal del mundo: tu sistema nervioso está acostumbrado a funcionar desde la exigencia. Tu cuerpo y tu mente todavía no conocen otra forma de estar en el mundo. Así que, tal como hablamos hace unos días, vamos a trabajar juntas para identificar qué valores quieres empezar a cultivar hoy. Me gustaría saber cuáles son los valores que sientes que te podrían ayudar más, no aquellos que «deberías» tener y por los que deberías guiarte, sino aquellos que hablan de ti y más resuenan contigo.

Sara: Quiero cultivar el reconocimiento, la compasión y el disfrute.

Marta: Me encanta esa elección. ¿Se parecen estos valores a los que aprendiste en casa?

Sara: No, en absoluto... Y, la verdad, lo siento como si estuviera rompiendo una regla no escrita y traicionando esa herencia.

Marta: Eso tiene sentido. Piensa que, al final, durante mucho tiempo ha sido así. De hecho, tu niña aprendió a que solo era valiosa si hacía más... Imagina ahora, en el presente, que, al terminar la jornada, una parte de ti te dice: «Deberías trabajar un poco más». Y que, desde tu parte adulta, decidieras actuar guiándote por tus nuevos valores, ¿qué podrías hacer en su lugar?

Sara: Tal vez pueda recordarme lo que tú me dices: que hoy lo hice lo mejor que pude... y darme permiso para descansar.

Marta: Vale, suena bien. Ahora, ¿crees que es posible que en ese momento sientas paz o crees que habrá algo de incomodidad?

Sara: Mmm... Creo que me sentiré inquieta, como si estuviera haciendo algo mal, como si cometiese un delito.

Marta: Bien visto, justo ahí es donde entra la ambivalencia con los antiguos aprendizajes de esas partes y lo valioso que fue su trabajo. Por ello, al principio, escoger la opción que más te cuida puede que lo sientas como algo raro, incluso incorrecto.

Sara: Nunca lo había visto así. Siempre he pensado que, si algo me hacía sentir incómoda, significaba que estaba haciendo algo mal.

Marta: A veces, la incomodidad es solo la señal de que estamos cambiando... y de que nuestras partes internas necesitan confiar en que ahora estás tú para ocuparte de ellas. Sentir la incomodidad no significa que no puedas hacerlo; solo significa que tu cerebro y tu cuerpo están expectantes mientras tú estás aprendiendo y aplicando algo nuevo.

Sara: Creo que puedo intentarlo, quiero aprender a reconocerme, en todos los sentidos.

Tal vez al leer esto pensarás: «Pero, Marta, no has hablado de insomnio aquí, ni le has dado pautas a Sara para que duerma mejor». Cierto, pero es que el verdadero cambio de Sara empezó cuando terminó su sesión de terapia. Al día siguiente, cuando su parte protectora le dijo que podría haber hecho más, ella sintió el impulso de encender de nuevo el ordenador, pese a haber ya trabajado una jornada completa. Pero entonces recordó nuestra sesión, se colocó una mano en el pecho y se dijo: «Tranquila, hoy ha sido suficiente». Aunque sintió la incomodidad y su parte exigente no desapareció por completo, ya no permitió que esta tomara la decisión por ella. Así, de esta forma, pudo empezar a regular su sistema nervioso y, quizá con eso, a sentirse más en calma tanto durante el día como por la noche.

Sara había pasado toda la vida luchando por ser su mejor versión sin darse cuenta de que, en el fondo, esa lucha partía de la idea de que la actual versión de sí misma no era suficiente. Y ahora, en terapia, se encontraba con una pregunta que internamente lo movilizaba todo:

«¿Qué debo hacer: ser mi mejor versión
o aceptar la que soy?».

Por suerte, gracias al trabajo, Sara comprendió que la respuesta no era elegir entre una cosa u otra. Entendió que quizá, para llegar a ser su mejor versión, primero debía aceptar la que ya era, reconociendo que es suficiente tal como es, y que mejorar no significa exigirse al extremo, sino cuidarse en el proceso.

Y eso, en realidad, era lo que siempre había estado buscando: la necesidad que había quedado pendiente en su infancia, lo que a esa niña le habría gustado saber y escuchar, y sobre todo sentir, y lo que su exigencia cubrió para no sentir esa falta de reconocimiento.

Si has llegado hasta aquí, quizá en algún momento de tu vida también sentiste que nunca eras suficiente, tal vez aprendiste que tu valor estaba en lo que hacías bien, en lo que tenías para ofrecer a los demás, y, sin darte cuenta, esa exigencia se convirtió en tu forma de navegar por el mundo. **Si es así, te abrazo con todo mi corazón.**

Los viejos patrones de nuestras partes internas tienen una forma silenciosa pero evidente de dirigir nuestras decisiones: nos llevan a trabajar más de la cuenta, a evitar el descanso, a buscar aprobación externa o a compararnos sin cesar... Y a veces estamos tan mezcladas con esas partes que sentimos que esa es la única forma posible de vivir.

Aquí es donde esos valores, los que te acercan a ti, se vuelven esenciales. Hacer de ellos tu bandera te ayudará a atravesar la incomodidad, a saber que no te sentirás bien todo el tiempo y que eso no significa que estés haciendo algo mal, sino que estás eligiendo un nuevo camino, uno que te lleva a un lugar donde puedas ser tú y que haga que te sientas en casa.

Ese lugar existe, y cada vez estás más cerca de él.

9
DETONANTES Y DESTELLOS: NUESTRO MUNDO INTERNO Y EL DE LOS DEMÁS

Hate to be the one to tell you this but you'll be alright, kid. (Siento ser quien te diga esto, pero todo irá bien, cariño).

Alex Warren, «You'll be alright, kid»

Convertirte en tu testigo cómplice

En el modelo IFS se utiliza una metáfora muy especial que nos ayuda a entender de una manera visual cómo existimos como seres sociales. Así, **cada uno de nosotros somos como una galaxia llena de planetas y estrellas** en la que fluye la energía. Cuando interactuamos con otros, nuestras partes internas más profundas se encuentran, se reflejan y a veces hasta se desafían entre ellas, y también entran en contacto con el mundo interno de los demás. Por eso, lo que la otra persona lleva dentro y muestra puede despertar en nosotras afinidad, distancia, ternura o incomodidad.

En la interacción con los demás, no solo comprendemos su mundo, sino que también descubrimos nuevas facetas de nosotras mismas.

Por eso mismo, a pesar de que **es sumamente importante que establezcamos una relación de compasión con quienes fuimos y con nuestras partes internas**, no podemos obviar que en determinados momentos las expectativas, las dificultades y las barreras emocionales aparecerán, y tendremos que contarnos la verdad, por dolorosa que sea, sobre esos vínculos. Así pues, debemos ser realistas: actuar desde nuestra esencia más auténtica, aunque nos abre múltiples posibilidades y un modo de vivir más en sintonía con nosotras mismas, no nos libera de las adversidades ni tampoco de los conflictos en las relaciones ni de la activación de nuestras partes internas. Eso era lo que erróneamente creía Beatriz, una de mis pacientes.

Beatriz, de veintidós años, había logrado enfrentarse a partes de ella misma que hasta entonces siempre había ignorado para así protegerse. El trabajo en terapia le permitió sentir más compasión por su historia y sus emociones, pero, a pesar de eso, un día después de muchas sesiones se dio cuenta de algo importante y frustrante a la vez.

Debido a su rol cuidador, su hermana, veinte años mayor, siempre había sido una figura clave en su vida. Sin embargo, esta también había sido una fuente constante de malestar y activación emocional por las constantes críticas que recibía por su parte. A pesar de todo el trabajo interno que habíamos hecho juntas, la relación con su hermana seguía siendo un terreno complicado, y eso hacía que Beatriz sintiera que no había avanzado. En este sentido, podríamos destacar que sentirse incómoda en un terreno hostil es lo más natural del mundo o que quizá era el reflejo de una parte interna de Beatriz que le exigía avanzar y estar mejor. Ahora bien, en este capítulo quiero centrarme en qué nos sucede con el mundo interno de los demás.

Las relaciones seguras no son perfectas; lo que realmente garantiza la seguridad es la capacidad de reparación. Esta capacidad nos protege frente a las rupturas o fallas provocadas por lo que, en el trabajo terapéutico, llamamos **detonantes**; es decir, situaciones que reactivan nuestras heridas del pasado.

Los detonantes son **nuestros puntos sensibles**: esas palabras, gestos o actitudes del otro que, aunque a veces parezcan pequeños o insignificantes, activan en nosotras una respuesta emocional intensa. Estos pueden ser el recuerdo de algo traumático que ya no es peligroso, pero que, no obstante, es el eco interior de nuestras memorias emocionales, nuestras heridas no resueltas, nuestras necesidades no satisfechas...

Así pues, cuando alguien «nos detona», está, muchas veces sin saberlo, tocando una parte interna que ya estaba ahí, esperando ser vista, reconocida, acompañada. Sin embargo, también podemos reaccionar de un modo que eso deje de ser una señal de nuestras heridas y lo sea, en cambio, de nuestra humanidad. Es decir, **no siempre que reaccionamos emocionalmente significa que estamos heridas**; a veces, esa reacción es también una señal de nuestra humanidad, de que algo nos importa, de que algo no encaja con nuestros límites o valores.

Lo que Beatriz me contaba sobre su hermana en las sesiones eran justamente los detonantes. Cada comentario sutil, cada gesto de desaprobación, cada mirada fría, no solo le dolía en el presente, sino que activaba en ella una sensación más antigua: la de no ser suficiente, la de no ser válida o digna de cuidado. Así, aunque Beatriz había hecho un trabajo profundo para mirarse con más compasión, para entender y cuidar sus partes internas, el vínculo con su hermana todavía era una fuente constante de malestar y de activación emocional. Y lo era no precisamente porque no hubiera sanado, sino porque su mundo interno seguía expuesto al impacto del mundo interno de los demás.

Y ahí nos encontramos con una verdad esencial: nuestra autoestima no se construye solo dentro de un marco individual, sino también, y sobre todo, en relación con los demás.

Podemos aprender a sostenernos, a escucharnos, a tratarnos con ternura, pero, aun así, hay relaciones que siguen doliendo, incluso después del proceso terapéutico. El motivo es que nos muestran justo aquello que aún necesita cuidado o que todavía es sensible, como una cicatriz de una herida dolorosa curada que todavía no se ha cerrado.

Sin embargo, el hecho de que afloren nuestras heridas y reconozcamos nuestros detonantes no es en absoluto un retroceso. Es, en cambio, una oportunidad de ver con más claridad qué parte de nosotras pide y requiere atención. Y precisamente en esos momentos, cuando el mundo no es como nos gustaría, nos duele y los demás no pueden ofrecernos lo que necesitamos, **sostenernos a nosotras mismas con amor es uno de los actos más honestos y profundos de autoestima**.

Además de detonantes, en la historia de Beatriz también encontramos **destellos**. Estos son momentos fugaces en los que se manifiestan cualidades del *self*, como la calma o la compasión, que se dan en mitad de una experiencia intensa o dolorosa. Así, son pequeños rayos de luz en la oscuridad que nos recuerdan que, por más trabajo interno que hagamos, no vivimos aisladas, y que, por más conscientes que seamos de nuestros mundos internos, inevitablemente se ven afectados por la energía, las palabras y las heridas no resueltas de quienes nos rodean. Es decir, aunque no podamos evitar el impacto de lo que ocurre fuera, siempre podemos elegir cómo tratarnos por dentro, porque, incluso cuando el mundo duele, aún podemos ser un refugio para nosotras mismas.

Llegados a este punto, me gustaría recoger el concepto del **«testigo cómplice»** de Alice Miller, una psicóloga suiza conocida por su trabajo en maltrato infantil y libros como *El cuerpo nunca miente*. Esta introdujo la idea de que, para reparar las experiencias infantiles marcadas por la soledad, necesitamos a un testigo cómplice, que podemos ser nosotras mismas, que nos permita volver a ellas sintiendo el apoyo y la compañía que nos faltaron en ese momento. Una idea que, ya te avanzo, es un recordatorio de la soledad a la vez que supone una liberación, como veremos más adelante.

Volviendo al caso de Beatriz, la relación con su hermana no solo activaba antiguas emociones, sino que también tocaba una parte vulnerable de su autoestima: esa que necesitaba ser reconocida, vista y respetada. A veces creemos que sanar es sinónimo de que todo en nuestras relaciones cambiará, pero la verdad es que la reparación nos permite ver con más claridad lo que duele y por qué. Entonces, a partir de ahí, debemos poner los límites y hacer el trabajo necesario para sostenernos internamente cuando la validación externa no llega. Debemos, pues, hablarnos con honestidad y ternura, recordarnos qué merecemos y tomar decisiones coherentes con ese valor, aunque no siempre sean fáciles.

Sin embargo, antes de sentir esos destellos de los que hemos hablado, nos centramos en lo que rodea a los detonantes. En el caso de Beatriz, nos encontramos con varias dificultades que a menudo surgen alrededor de los vínculos.

Ser tu testigo cómplice no es solo mirar hacia atrás con ternura, sino acompañarte con verdades dolorosas en el presente.

A veces, eso implicará soltar la idea de que el otro debe cambiar para que tú estés bien y, otras veces, implicará decir hasta aquí, aunque duela. La compasión que puedas ofrecerte a ti misma cuida de ti. Y luego, si es posible, puedes extenderla hacia los demás, como rezan las instrucciones de seguridad del avión: «Ponte tú primero la mascarilla y asegúrate de tu bienestar antes de ayudar».

Construir nuestra autoestima no es solo un viaje hacia dentro, sino también una danza constante con el mundo de fuera. No se trata de blindarnos emocionalmente ni de alcanzar un estado en el que nada ni nadie nos afecte, sino de cultivar una relación lo bastante sólida con nosotras mismas para sostenernos incluso cuando el entorno se tambalea. Implica infundirnos el coraje de mirar de frente los vínculos que nos desafían, no desde la exigencia de que todo funcione, sino desde la capacidad de elegir qué espacios nos permiten florecer y cuáles solo repiten viejas heridas y patrones que nos duelen.

Ser tu testigo cómplice es, pues, acompañarte tam-

bién en esas decisiones, en esos límites que protegen tu dignidad, y en esa certeza de que mereces relaciones donde tu mundo interno no solo sea visto, sino también cuidado.

Así, la autoestima deja de ser una meta estática y se convierte en un proceso vivo: el arte de estar contigo misma en cualquier momento.

Los intentos fallidos y la expectativa de reparación: tú lo has roto, tú lo arreglas

A menudo, respecto a las heridas emocionales que cargamos, una sensación de justicia nos lleva a esperar que sea la persona que nos hizo daño la que trabaje para sanar lo que en el pasado nos dolió. Así, nuestra parte herida busca una reparación externa para que se cierre el ciclo y termine la historia de dolor; busca, en definitiva, la vivencia contraria a la original.

Era lo que le ocurría a Andrea, una paciente de treinta y dos años, que me contaba que sentía que vivía en piloto automático, pero que no avanzaba, a pesar de que todo en su vida iba bastante bien y tenía ganas de progresar en sus proyectos vitales. De hecho, empezó las sesiones porque se planteaba ser madre y quería averiguar a qué se debía la sensación de estar en cierta manera paralizada. Una de las cosas que más malestar le generaban de la situación de parálisis era que sentía que muchas de las historias relacionales de su vida todavía estaban abiertas, a pesar de que en realidad ya estaban cerradas.

Andrea: Sé que dejarlo [a su expareja] fue lo mejor, Marta..., pero hay algo que todavía me pesa. No dejo de imaginar que un día él me escribe y me dice que se equivocó, que me dejó escapar y que yo era valiosa.

Marta: ¿Y cómo te sentirías en ese supuesto, en el caso de que apareciese para decirte esto?

Andrea: Como si, por fin, alguien dijera lo que durante tanto tiempo esperé escuchar: que yo importo, que no fui una más ni alguien fácilmente reemplazable. No lo sé... También me pasó algo parecido con ese jefe que tuve hace unos años. En el fondo, me gustaría que se diera cuenta de que no me trató bien y que me pidiese perdón...

Marta: ¿Sientes que esa parte de ti que espera eso está buscando un cierre?

Andrea: No lo sé... A veces creo que sí, que necesito que alguien me diga que valió la pena todo lo que hice. Otras, me doy cuenta de que no quiero escucharlo de mi ex ni de mi jefe...

Marta: Eso que dices es importante. Parece que necesitas eso, pero a la vez no te da la sensación de que tenga sentido que venga de su parte... A menudo, lo que sentimos como necesidad de cierre es, en realidad, una parte interior nuestra que busca reparación, sanación..., pero no necesariamente es una parte del presente. ¿Te gustaría descubrir qué parte se activa cuando piensas en ese reconocimiento?

Andrea: No sé por qué me ha venido esto ahora, pero, mientras te escuchaba, he visto a mi yo de nueve años en la mesa del comedor de casa, cenando en familia. Nadie me escucha, me interrumpen, cambian de tema, están distraídos...

Marta: Tiene mucho sentido. Parece que esa niña se quedó con una necesidad no satisfecha: la de ser vista, tenida en cuenta, y quizá lo que pasó con tu ex o con tu jefe la activó. No porque tengan ese poder en el presente, sino porque tocaron la misma herida.

Andrea: Entonces..., lo que quiero no es que me llame ni volver con él, ¿verdad? Esto me agobiaba, porque no lo entendía. Sin embargo, ahora entiendo que lo que necesita esa parte de mí es dejar de esperar que él cure la herida, porque en el fondo sé que eso nunca va a pasar y tampoco quiero vivir esperando que pase...

Durante la sesión, Andrea pudo poner palabras a una herida más profunda que la confusión de esperar un mensaje de su ex. Dio forma al eco de una parte infantil, necesitada durante años de ser vista, escuchada y validada. Aunque la Andrea del presente ya no quería seguir en esos vínculos dolorosos que sentía «abiertos», lo cierto era que **una parte de ella seguía esperando que quien no la había valorado finalmente lo hiciera**, algo que es muy común.

La expectativa de reparación es legítima, pero debemos ser realistas: muchas veces no es posible. No obstante, quedarnos ahí nos devuelve a esa sensación de estar atrapadas en algunas partes heridas en el pasado y de no poder avanzar.

Así, una forma de avanzar
es dejar atrás.

Este proceso nos lleva a una de las ilusiones emocionales más habituales y dolorosas en los vínculos: **la creencia de que el otro debería actuar como lo haríamos nosotras**, desde nuestra sensibilidad, nuestros valores, nuestra ética emocional, nuestra responsabilidad y nuestra forma de cuidar los vínculos. Sin embargo, cuando esta creencia no se materializa, cuando el otro no repara, no se disculpa, no entiende, no vuelve, sigue haciendo daño…, en esos casos no solo se rompe una expectativa, sino que **se activa una parte herida**. **Esta interpreta el silencio o la falta como una confirmación de que no valemos lo suficiente, lo que daña de manera muy dolorosa nuestra autoestima.**

Seguro que esto te ha pasado muchas veces, y es posible que, ante una situación similar, hayas intentado establecer quién hacía las cosas correctamente y quién no. Sin embargo, la realidad es que no se trata de eso, sino de comprender que todos tenemos realidades y necesidades distintas.

- ¿Quién tiene más razón: quien necesita afecto cuando termina el día o quien necesita espacio al llegar a casa?
- ¿Quién tiene más razón: quien necesita hablar cada día para sentirse cerca o quien prefiere hablar menos, pero estar del todo presente cuando lo hace?
- ¿Quién está en lo correcto: quien necesita resolver el conflicto en ese instante para calmar la ansiedad o quien necesita tiempo para procesar y volver a la conversación con más claridad?
- ¿Quién se vincula mejor: quien lo da todo de entrada o quien necesita ir paso a paso, ganando confianza poco a poco?

- ¿Quién cuida más el vínculo: quien insiste en mantener el contacto frecuente o quien necesita espacio para que el encuentro no se convierta en obligación?
- ¿Quién actúa con más madurez: quien se adapta a las emociones del otro o quien pone límites para no perderse a sí misma?
- ¿Quién demuestra más compromiso: quien cede para evitar discusiones o quien se atreve a nombrar lo que le molesta, aunque incomode?
- ¿Quién es más empática: quien siempre está disponible o quien cuida su energía para no agotarse emocionalmente?

No sabes cuántas veces he sido testigo de este tipo de conflictos en sesión. He tratado a muchas personas preocupadas porque creen que hay algo malo en ellas, que tienen un problema o que es su relación de pareja o de amistad la que no funciona y por ello deben romperla.

La realidad, no obstante, es que hay que entender que, para que un vínculo sea seguro y estable, las necesidades de ambas personas —siempre que sean lógicas y adaptativas, es decir, que respondan al contexto y busquen el equilibrio emocional— son igual de importantes y deben poder tener espacio en la relación.

EJERCICIO

Busca un lugar tranquilo y dedícate un rato solo para ti. Cierra los ojos y visualiza un momento de tu infancia donde te sentiste sola, incomprendida o no vista. Entonces, tómate unos instantes y trata

de imaginar que llega alguien amable y se sienta a tu lado. No intenta cambiar nada de lo ocurrido, solo te acompaña como tú necesitas. ¿Qué palabras te diría? ¿Crees que tener compañía en ese recuerdo cambiaría algo en ti?

Nuestras necesidades son importantes y distintas

Sandra, una chica de treinta y cuatro años con la que llevaba tiempo trabajando en consulta, llegó un día superfrustrada: su amiga Mireia no le proponía planes, apenas le escribía y, cuando lo hacía, parecía distante, y ese día Sandra había «explotado». Para ella, la actitud de su amiga se traducía en desinterés, abandono y falta de reciprocidad, y, dolida, ese día se había decidido a hablarlo. Mireia, sorprendida, le respondió: «Yo no necesito hablar todos los días. Me gusta el vínculo que tenemos, pero mi manera de cuidarlo es estando presente cuando estamos juntas, no forzando el contacto de manera constante. Si lo hago por obligación, me desconecto y te contesto en modo automático, y luego, claro, quizá no recuerdo si me has contado algo importante y me siento mala amiga, así que prefiero hacerlo así, como a mí me sale». Sandra me decía que no entendía absolutamente nada.

Ambas decían la verdad
desde su mundo interno.

Sandra necesitaba una presencia constante para sentirse segura, mientras que Mireia necesitaba libertad y profundidad en lugar de frecuencia. Ninguna estaba equivocada, pero estaba claro que había un conflicto. Este aparecía cuando cada una esperaba que la otra funcionara como ella, sin entender que hay dos formas válidas de vincularse, las cuales activan partes diferentes.

En el fondo, pues, ninguna de las dos estaba obrando de manera «errónea». Sin embargo, el hecho de que cada una insistiera en que la otra debía vincularse como ella hacía que el conflicto fuera inevitable. En este caso, aprender a ver que no se trataba de algo personal, que el problema no era la falta de cariño, sino que simplemente había distintas formas de expresarlo, fue clave para que Sandra pudiera decidir cómo cuidarse sin necesidad de atacar a Mireia.

Si te pareces más a Sandra, es posible que necesites la presencia del otro y constancia para sentirte segura, y que cuando alguien no está disponible como esperas, lo vivas como una falta de cariño. Sin embargo, quiero detenerme aquí para que entiendas que no siempre es así, que no tiene que ver contigo. Mireia era así con todo el mundo, algunas personas expresan el afecto de otra forma, no le hacía eso a Sandra porque la quisiera menos. Reconocer que no se trata de algo personal, sino de formas distintas de relacionarnos, puede ayudarnos a cuidarnos sin necesidad de atacar al otro.

Si, por el contrario, te identificas más con Mireia, quizá sientas que lo que haces nunca es suficiente por mucho que te esfuerces en estar ahí. Pese a que tratas de estar presente para los demás, notas que necesitan cada vez más de ti y eso te agota emocionalmente. En ese caso, quiero que sepas que no estás fallando: cuidar desde tu autenticidad también merece ser comprendido.

Para seguir profundizando en el camino de la sanación, a continuación quiero hablarte de otra de las dificultades que nos encontramos en la interacción con el mundo interno de los demás: cuando no actúan como tú lo harías, cuando esperas una respuesta y te dan otra, cuando no adivinan lo que necesitas y tienes que decirlo... Sé qué se siente estando ahí. A veces, de hecho, es el contacto con nuestro mundo interno y nuestra herida lo que hace difícil reconocer el sistema interno del otro, de modo que sentimos que cualquier interacción es un ataque a nuestra herida abierta...

Es aquí donde entra en juego lo que en mis sesiones suelo llamar «la injusticia del buen trato». Se da cuando, a pesar de no haber sido acogidas como esperábamos, seguimos actuando desde nuestros valores.

Por ejemplo, intentas incluir a quien una vez te dejó fuera. O mantienes un compromiso de hace dos semanas, aunque no tengas energía, porque temes que la otra persona no entienda una cancelación el mismo día. Y, paradójicamente, en cambio cancelas ese plan con la amiga que te comprende, porque sabes que no se enfadará. No lo haces por egoísmo, sino porque tu miedo al conflicto te hace adaptarte más con quien menos margen te da y, al mismo tiempo, tu cuerpo sabe con quién estás a salvo.

Cuando le dices que no a tu amiga y no temes su reacción, confías en su comprensión. Esa es la base de un vínculo seguro. Y no es injusto si ocurre de vez en cuando (hoy por ti, mañana por mí), porque ahí hay reciprocidad, hay cuidado mutuo, hay comprensión de ida y vuelta. Lo que sí puede volverse injusto es **cuando esa dinámica se vuelve habitual**: cuando descuidas siempre a quien más te cuida, solo porque sabes que no te lo echará en cara.

Ahí es donde conviene parar y preguntarte: ¿estoy siendo justa conmigo? ¿Y con ella?

Salir de esa lógica no significa renunciar a tus valores ni dejar de ser tú, sino empezar a cuidarte con el mismo cariño con el que cuidas a los demás. Se trata de no regalar tu forma de querer en espacios donde no se valora, de ser leal a ti sin traicionarte por miedo al conflicto o al juicio.

Cuando integramos esto, cambia la forma en que nos relacionamos y, desde ahí, podemos cuidarnos **sin dejar de cuidar**, y no descuidarnos **cuando no nos cuidan**.

Por último, esa sensación de injusticia que experimentamos también se traslada a veces al espacio terapéutico, pues se genera frustración por tener que abordar individualmente algo que forma parte de un vínculo que no solo depende de una misma. Déjame decirte que entiendo perfectamente ese sentimiento, pero en terapia solo podemos trabajar en ti y en cómo acompañarte para convivir con esas galaxias propias y ajenas de las que hablábamos al principio del capítulo.

Cuando nuestra herida está expuesta, **dejamos de ver al otro como una parte de una galaxia propia, con sus propias partes**. En cambio, solo lo vemos como alguien que no responde como esperábamos, que nos genera frustración…, algo que, sin que nos demos cuenta, puede reactivar todavía más nuestro dolor.

Cuando los demás no actúan como lo harías tú

Ivet, una paciente de veintisiete años, es enfermera y hacía semanas que en el trabajo cargaba con más responsabilidades de las que le correspondían. Su equipo estaba pasando por un momento complicado y, como muchas veces antes, decidió actuar desde una parte salvadora para tratar de sostenerlo todo. Por eso, preparaba presentaciones, cambiaba turnos, respondía correos fuera de horario, terminaba tareas que otras personas habían dejado a medias, llevaba el desayuno o la merienda al equipo...

Una mañana, después de entregar un informe complejo y no recibir ningún tipo de reconocimiento, le escribió un mensaje a su compañera Vero, con quien solía tener buena relación:

No puedo más, siento que estoy al límite.

Horas después, Vero le respondió:

Ya ves, no sé qué ha pasado estas semanas, pero estos días están siendo intensos para todas. ¡¡Ya pasarán!!

Para Ivet, ese mensaje fue como una bofetada. Una parte de ella, profundamente herida, se activó de inmediato, ya que sintió que Vero no la valoraba, que minimizaba su esfuerzo y no le importaba cómo se sentía.

Ivet empezó entonces a revisar mentalmente todas las veces

que había estado para su amiga, los favores que le había hecho cambiándole el turno, las veces que la había ayudado con pacientes que no eran suyos, los cafés que le había llevado... Al final, llegó a la conclusión de que Vero era una aprovechada y una desagradecida; estaba enfadada, pero también decepcionada y dolida. Pensaba: «Si ella estuviera agotada, yo la habría escuchado de verdad».

En su mente, **la respuesta de Vero no solo era un mensaje frío: era un abandono emocional**. Desde la adolescencia, Ivet había aprendido a sostenerse sola porque sentía que no podía contar con nadie, y esa herida se hizo muy presente con sus compañeras de trabajo.

En sesión, cuando pudo mirar la situación con más perspectiva, Ivet reconoció que no había sido justa con Vero, ya que no tuvo en cuenta su estado interno. Quizá Vero también estaba saturada y no había sabido cómo responder, pues en otros momentos sí que se había sentido reconocida por su amiga: a veces Vero la llevaba a casa para que no cogiese el bus por la noche, la abrazaba en el pasillo, le recomendaba libros y se los prestaba... También estaba ahí para ella, pero en ese momento Ivet no era capaz de verlo.

Cuando nuestras partes heridas se activan, dejamos de ver al otro como una persona con su propio sistema interno. En cambio, lo vemos como alguien que nos falla, que no nos da lo que esperamos, que nos confirma lo que más tememos.

Para Ivet, el dolor no solo venía de la falta de respuesta de Vero, sino de lo que eso despertaba en ella. Cuando lo entendió, pudo ver a Vero como una compañera, no como una enemiga, como había hecho al principio.

Querernos no implica únicamente sentirnos merecedoras y valiosas, sino ser capaces de reconocer y acompañar con ternura a aquellas partes nuestras que todavía esperan una reparación externa. Asimismo, también conlleva mirar con cariño y honestidad esos anhelos infantiles que aparecen de vez en cuando. Ahí, pues, empieza una forma más profunda de amor propio: la que no delega en el otro el poder de sanar, sino que asume la responsabilidad interna de ofrecerse ese cuidado pendiente.

Cuando comprendemos que no todas nuestras necesidades serán respondidas por quienes provocaron la falta, dejamos de vivir desde la herida y comenzamos a habitar el presente desde nuestra adulta compasiva. Nuestra autoestima no es peor por el hecho de que tengamos partes que aún duelen, sino que **se fortalece cada vez que elegimos no traicionarnos y dejar de esperar que el mundo repare lo que hoy nosotras mismas ya somos capaces de sostener**.

Pero ¿qué ocurre cuando no hay reciprocidad en el vínculo?

Volvamos a la historia de Ivet y Vero. Pongámonos en la piel de Ivet e imaginemos por un momento que Vero no tuviera esos detalles con ella, que el cuidado no fuese mutuo, que no hubiera reciprocidad... ¿Qué alternativas habría en ese caso? ¿Tendríamos que mostrarnos de todos modos compasivas? Hay varias opciones según qué parte de nosotras tome el control:

EJERCICIO

- Si trabajamos cada día con Vero y conocemos su vida y su historia, eso tal vez nos lleve a entenderla y a justificar sus acciones desde una parte complaciente que no quiere provocar conflictos y prefiere callar, y que se dice: «Pobrecilla, con todo lo que ha pasado... No puedo pedirle más».
- Si no existe esa profundidad en el vínculo, quizá, al herirnos, empezamos a distanciarnos de Vero actuando desde una parte más fría que nos recuerda que más vale sola que mal acompañada.
- También podemos actuar desde una parte justiciera que busca el equilibrio a partir de la rabia y dice: «No merece mi tiempo porque no valora mis cuidados».
- Quizá quien nos dirige es una parte que exige reciprocidad y que espera que Vero actúe igual que nosotras, y que nos dice: «Si estoy actuando de este modo, ella también debería estar haciéndolo de la misma forma».
- Asimismo, puede tomar el control una parte que duda de sí misma y se pregunta si quizá está exagerando y es demasiado sensible.
- También nos puede ocurrir que idealicemos a Vero y que desde esa parte nos digamos: «Esperaba más de ella, pensaba que era diferente».
- O quizá actuamos desde una parte que, a raíz del dolor de las expectativas no cumplidas, se resig-

na y dice: «Es lo que hay, la gente no cambia; mejor no espero nada a cambio».

Si te reconoces en alguno de estos pensamientos y esto ha hecho que afloren en ti ciertas sensaciones incómodas, está bien: permítete sentirlas. Ya sabes que trato de ofrecerte un abanico de respuestas en las que puedas identificarte y reconocerte. Como persona y como profesional, no veo nada malo en esas respuestas, todas tienen un porqué. **Estoy de tu parte, estoy contigo.**

Después de haber hecho este camino de compasión, lo que más escucho en las sesiones tiene que ver con la dificultad de manejar los conflictos en la interacción con los demás. Cuando se cruzan los límites, a menudo surgen la incomodidad y un conflicto con nuestra compasión, y nos volvemos a sentir atrapadas, aunque con más información sobre nosotras mismas.

Aquí es importante ser conscientes de qué alternativas tenemos desde un estado de *self*, en conexión con nuestra esencia y nuestra capacidad adulta. Para ello, podemos partir de una frase que, personalmente, me ofrece mucha claridad:

No es compasión real si te traicionas para sostenerla.

Así, la clave de la compasión reside en cuidar a tu parte interna herida sin esperar que el otro cambie, sin esperar que se cumplan las expectativas y que el otro repare el daño. A veces, cerrar historias, asuntos pendientes y heridas antiguas supone chocar con esta cualidad, que suena como: «Lo entiendo, pero no voy a permitir esto». Y es que desde el *self* no buscamos sostener lo insostenible, por lo que desde ahí nos tocará vivir y sufrir algunos duelos: ver las heridas y no poder quedarte a salvar al otro, amar a tu pareja, pero elegir no continuar con una relación que te hace sentirte pequeña y que duele...

Por ello, es importante comprender que, desde nuestra adulta, debemos tener en cuenta algunas dificultades y aprendizajes que encontraremos al interactuar con el mundo interno de los demás:

- **Aceptar que no todos los vínculos pueden darse desde la esencia:** quizá a ti te gustaría tener conversaciones profundas con una amiga, pero no se dan. Sin embargo, puedes disfrutar de otros planes que no requieren esa profundidad.
- **Elegir con conciencia con quién abrirse, sin culpa:** tal vez te gusta mostrarte auténtica y no ocultarte, pero no hace falta dar explicaciones de tu mundo interno a todos para que te comprendan.
- **Proteger tus partes sin cerrarte al mundo:** es posible que puedas poner un límite y continuar en la relación sin construir un muro que te separe de las interacciones con el resto.
- **Reconocer y nutrir los vínculos donde ambas podáis ser auténticas:** a veces, al buscar que todos tus vínculos funcionen al mismo nivel, puedes descuidar relaciones que te ofrecen esa conexión que buscas en otros lugares.
- **Aceptar que no todos evolucionan o resuenan contigo:** quizá madurar tiene que ver con lidiar con el cierre de algunas historias pendientes, aunque eso suponga parecer fría o mala y no poder controlar la versión de los demás.

- **Enfrentar la herida original sin anestesia:** tal vez mirar la raíz del dolor no intensifica la herida, sino que te libera del dolor constante.
- **Tolerar la incertidumbre emocional:** el hecho de no tener respuestas ahora no significa que nunca las haya.
- **Sentir culpa por sanar y dejar de sostener a los otros:** quizá no te corresponde quedarte para enseñar lo que otros aún no pueden o quieren aprender.
- **Reconocer las propias partes, así como las del resto, que no quieres ver:** es posible que observar sin negar, es decir, ver toda la escena completa, sea un acto de madurez y no de juicio.
- **Asimilar la calma sin interpretarla como un vacío:** tal vez no sentir intensidad en las relaciones es el verdadero descanso que siempre necesitaste.
- **Las partes se activan, pero ahora puedes observarlas sin identificarte del todo:** quizá el objetivo no sea dejar de sentir dolor en las relaciones, sino elegir cómo responder.
- **No confundir límites con rechazo:** es posible que, cuando alguien te dice «no», no quiere decirte «no vales».

En relación con el testigo cómplice, antes te avanzaba que este crecimiento nos libera pero también nos conecta con la soledad. Y es que iniciar el camino que nos acerca a nosotras mismas supone asimismo un duelo: el de ver la realidad tal como es, y también nuestros vínculos. Esto muchas veces supone sentirse sola en relaciones significativas o percibir que nuestro sentir más auténtico no se comprende ni acoge. Sin embargo, esto no significa que no podamos establecer relaciones siendo nosotras, sino que quizá no podemos hacerlo con todo el mundo.

Por eso podemos sentir soledad, porque a menudo sentiremos el peso de sostener la conciencia relacional y nos preguntaremos: «¿Quién me cuida a mí?». Sin duda, es un momento profundamente doloroso, pero también liberador, porque nos damos cuenta de que en ocasiones solo nosotras podemos salvarnos, aunque no tenemos que hacerlo solas.

He compartido a menudo esta reflexión en terapia, pero recuerdo muy especialmente el duelo de Susana, de veinticinco años, a la que le había salido un sarpullido en la piel. Después de varias pruebas, le habían dicho que era estrés o alguna afección emocional, y entonces se dio cuenta de todo lo que sostenía en su día a día. Siempre trataba de llegar a todo y a todos, y en muchas ocasiones se descuidaba a sí misma. No obstante, ver eso, darse cuenta de que ella era la única encargada de cambiarlo, le supuso un duelo muy grande, pero también le permitió entender que no tenía que vivir este dolor sola.

A veces, el mayor acto de autocuidado y compasión no es saberlo todo sobre ti misma ni tampoco entenderlo todo de los demás, sino elegirte, reconocer lo que sí puedes ofrecer y también lo que no. Implica, pues, dejar de pedirle al otro que responda como tú lo harías y empezar a responderte a ti misma como necesitas. Porque la compasión auténtica no es la que se traga el dolor para no incomodar, ni la que calla para no romper el vínculo, ni la que oculta su dolor. Tiene más que ver con relacionarnos con las heridas, pero no desde ellas.

Así que, si alguna vez te has sentido atrapada entre cuidar al otro o cuidarte a ti, entre comprender o poner límites, entre sostener o soltar, espero que este recorrido te haya recordado que no hay una sola forma correcta de vincularse, pero sí que hay una manera profundamente valiosa: la que empieza contigo.

Desde una mirada de apego y trauma, sabemos que muchas de nuestras respuestas buscan restaurar viejas heridas. No obstante, también sabemos que no todas las personas pueden o están dispuestas a ofrecer la calidad de presencia que necesitamos. Por ello, es importante asumir que elegirnos a nosotras mismas puede implicar despedirnos de vínculos importantes o aceptar la soledad que aparece cuando dejamos de negociar nuestro valor para ser queridas. Pero, sea como sea, para mí el gesto firme de ser fiel a nuestra esencia es la verdadera reparación.

El liderazgo de nuestro mundo interno y del resto

Como hemos visto, en un mismo contexto pueden convivir realidades y necesidades diferentes. Esto se debe a que cada una se enfrenta al mundo desde una determinada actitud sobre sí misma y sobre los demás que determina su comportamiento y que no tiene por qué coincidir con la de los demás. Eric Berne, el padre del análisis transaccional, del que te hablé en el capítulo 7, se refiere a ellas como **posiciones existenciales**. Estas son como las gafas con las que miramos el mundo y a través de las cuales nos relacionamos. Según Berne, existen cuatro posiciones clave:

1. **«Yo estoy bien, tú estás bien»:** es una forma de vernos y ver a los demás con respeto y aprecio, reconociendo que tanto no-

sotras como las personas a nuestro alrededor somos valiosas y capaces, con nuestras fortalezas y desafíos.

2. **«Yo estoy bien, tú no estás bien»:** aquí nos vemos a nosotras mismas de manera positiva, pero, por alguna razón, vemos a los demás como si tuvieran fallos o limitaciones, lo que puede crear distancia y malentendidos en la relación.
3. **«Yo no estoy bien, tú estás bien»:** en este caso, nos sentimos inseguras o insuficientes, pues creemos que algo está mal en nosotras, mientras que a los demás los vemos como personas valiosas, lo que nos puede llevar a sentirnos desconectadas de nuestra propia valía.
4. **«Yo no estoy bien, tú no estás bien»:** aquí nos vemos tanto a nosotras como a los demás con ojos críticos, y pensamos que de algún modo ambos estamos fallando. Esto puede crear una sensación de desesperanza o desconexión, cuando lo que realmente necesitamos es apoyo mutuo.

EJERCICIO

Tómate unos minutos para reflexionar en un vínculo significativo del presente y, después, piensa en las siguientes preguntas antes de contestar:

- ¿Sientes que tú estás bien y la otra persona también?
- ¿Sientes que tú estás bien, pero la otra persona no? Y, si es así, ¿qué ocurre? ¿La juzgas, la cuidas, la evitas?

- ¿Sientes que tú no estás bien, pero la otra persona sí? Y, si es así, ¿qué ocurre? ¿Lo idealizas, te comparas, lo minimizas?
- ¿Sientes que ni tú ni el otro estáis bien? ¿Cómo te relacionas con eso: te resignas, te desconectas, te rindes?

....

....

....

....

....

Reflexionar y hablar de las distintas interacciones y posiciones que podemos observar en nuestro mundo interno y en el de los demás a partir de una misma situación que se ve mucho en terapia puede resultarnos muy útil para comprenderlas mejor. Para ello, vamos a revisar el relato de Elena, una de mis pacientes.

Elena, una chica de veinticinco años que lleva dos años con su pareja, siempre espera que esta le exprese su cariño de manera romántica y con pequeños gestos. Sin embargo, este no es en realidad su lenguaje: su pareja comunica sus cuidados siendo práctico, asumiendo activamente la responsabilidad de tareas en casa o compartiendo tiempo en actividades cotidianas, como leer juntos en la cama antes de dormir o esperarla para ver juntos la serie del momento.

Pero Elena se siente frustrada y desconectada porque cree que, si no tiene gestos románticos con ella, su pareja no la quiere con la misma intensidad que ella. Su pareja, en cambio, se siente incomprendida, pues piensa que su apoyo y presencia no se ve y que se le exigen gestos externos.

Cuando actúas desde la herida y el otro también, es muy probable que se repitan patrones de comportamiento, que surjan discusiones cíclicas y sin salida, que haya malentendidos constantes y que experimentéis una sensación de injusticia y soledad, y ambas personas os sentiréis víctimas por igual. **Las expectativas no cumplidas solamente alimentan el ciclo de resentimiento, y la comunicación se vuelve defensiva.**

> Aquí, desde su herida, Elena diría: «Si no me das lo que espero, es porque no me quieres de verdad. Soy la única que lo da todo, ¿por qué no puedo recibir lo mismo?».
> En cambio, su pareja, también desde su herida, respondería: «Elena, no puedo complacer todos tus deseos, yo estoy para ti de muchas maneras. ¿Por qué no lo valoras? Siento que te tengo en cuenta y me esfuerzo, pero nunca es suficiente, me pides más, más y más, y siento que no puedo satisfacerte».

Si, en cambio, tú actúas desde la herida, pero el otro lo hace desde el *self*, en este caso el otro va a poder sostenerte un rato, pero corre el riesgo de agotarse ante la falta de autorregulación. Sin embargo, si tiene la energía suficiente, podrá acompañarte a ver esa parte herida con suavidad, sin caer en el papel de cuidador.

Aquí, desde su herida, Elena diría: «¿Por qué no me das lo que necesito? Solo pido algún gesto romántico, no pido tanto... No lo sé, que me sorprendas con unas flores un día cualquiera, que cuando pases por el súper me cojas algo que me guste... Siento que no me valoras».
En cambio, su pareja, desde el *self*, le respondería: «Jo, Elena, es verdad que estos gestos no me salen, pero eso no significa que no te quiera. Si es importante para ti, quiero tenerlo en cuenta y mostrártelo de un modo que te llegue y con el que ambos nos sintamos bien».

En este caso, es importante tener en cuenta que, aunque recibamos una respuesta sosegada y desde la calma, a veces esto no siempre es suficiente para rebajar el dolor de la herida. De hecho, hay personas que sienten que, como la otra parte, que actúa desde el *self*, «no se enfada», en realidad no tiene interés en resolver el conflicto.

Si viviéramos esta situación como Elena y actuáramos desde el *self*, mientras que el otro lo hace desde la herida, podríamos observarnos sin perdernos en la emoción del otro, contener sin absorber. En esta posición, podemos escuchar lo que dice el otro, aunque duela, y es necesario tener en cuenta dónde ponemos el foco de la compasión para que no se convierta en cuidados ajenos que puedan agotarnos. Cuando el otro está posicionado desde su herida, se siente desbordado y vulnerable, pero desde el *self* podemos ser capaces de sostener la situación con calma, lo que crea un espacio para explorar las distintas necesidades sin agrandar el conflicto y sin reabrir las heridas.

Aquí, desde su *self*, Elena diría: «Sé que te cuesta mostrar tu cariño con gestos como yo necesito, y eso a veces me activa, porque tengo mis heridas, y no es fácil. Sin embargo, quiero decírtelo para que podamos estar juntos y hablarlo sin culparnos el uno al otro». En cambio, su pareja, que responde desde la herida, le diría: «Pues yo siento que, aunque hago muchas cosas por ti, nunca es suficiente. Si esperas que sea romántico, quizá no soy la persona que necesitas. Nunca seré bueno para ti, Elena».

Por último, cuando ambas partes se vinculan desde el *self*, aunque sabemos que el conflicto es inevitable, los desacuerdos no rompen el vínculo, sino que hay espacio real para la verdad, se respeta el tiempo, el silencio, el límite y la emoción. **La relación es, pues, un lugar seguro para las heridas.** Aquí es posible la conexión real, donde el entendimiento y el reconocimiento son mutuos.

Aquí, desde su *self*, Elena diría: «Me gustaría que pudiéramos encontrar una forma de conectarnos mejor. Entiendo que para ti las muestras de cariño no siempre son románticas, y que eso no significa que no me quieras, de verdad que lo sé».
A lo que su pareja, respondiendo también desde el *self*, le diría: «Yo también quiero que nos entendamos, y reconozco que mi forma de mostrar cariño es diferente a la tuya, pero quiero que también sepas lo que yo necesito y que busquemos un equilibrio con lo que necesitas tú».

Desde esta idea, es doloroso, a la vez que liberador, reconocer que hay personas que durante mucho tiempo, o quizá toda la vida, serán lideradas por sus partes y que no será posible observar destellos de su *self* (estoy segura de que, al leer esto, te vienen algunas personas a la cabeza).

No siempre tendremos la suerte de encontrarnos con vínculos donde ambas personas se relacionen desde su esencia, pero esto no significa que estemos haciendo algo mal ni que nuestra valía dependa de ello.

De hecho, en muchas ocasiones elegimos tratarnos bien incluso en escenarios donde el otro no puede hacerlo. En esos casos, priorizamos el bienestar interno sin negar el dolor que puede provocar una falta de reciprocidad, pero no le entregamos a esa falta el poder sobre quiénes somos. Así, la autoestima se convierte no solo en el reflejo de cómo nos miramos, sino en la restauración del **permiso para mostrar nuestra autenticidad a quien nosotras decidamos dejar entrar, a quien permitamos permanecer o a quien pidamos alejarse de nuestro mundo interno.**

Pero, entonces, ¿si algo me duele, siempre tiene que ver con mi mundo interno?

Si alguien te hace daño, no solo puede tratarse de tu mundo interno. En terapia, el mundo interno y lo que hay fuera son realidades que no son mutuamente excluyentes. Sin embargo, sí que quiero que tengas en cuenta que, cuando alguien cruza un límite, dice algo hiriente, manipula o ejerce violencia emocional, verbal o física, esa persona es responsable de sus acciones. Así, si en ese caso sientes malestar o dolor, **no es solo una activación interna, sino una respuesta legítima a un acto externo que no debería haber sucedido**.

No me gustaría que pensaras que, cuando trato de añadir comprensión a tu mundo interno, justifico o soy cómplice del daño de los demás, así que voy a pedirte que leas con atención las siguientes líneas y reflexiones sobre ellas.

Imagina que has quedado con una amiga, le cuentas algo que te importa mucho y ella te interrumpe, cambia de tema y parece desinteresada. Aunque eso puede activar tus partes heridas internas, ella es responsable de cómo se comporta contigo, de la magnitud de sus actos y de la intención reparadora que tiene o no.

En nuestras relaciones, nuestras galaxias siempre se están encontrando con las de los demás. Dos de los principales problemas en esa interacción se dan cuando nos juntamos con personas que de manera habitual no se responsabilizan de su mundo interno a la vez que no ven ni validan el nuestro, lo cual afecta a la capacidad de reparación que te ofrecen y eso afecta en cómo de segura te sientes con ellas.

Pues, en ocasiones, el malestar que sientes no es reflejo de un detonante en nuestro mundo interno o de algún aspecto en nosotras pendiente de reparar, sino una señal de alerta al ser tratadas de un modo que claramente no merecemos.

Y recuerda: no es un fallo que ciertas relaciones sigan doliendo. Es señal de que estás viva, conectada con tu mundo interno, y de que tu historia importa.

En resumen: **atender nuestro mundo interno no significa vernos solo a nosotras y asumir que todo lo que nos duele es solo «nuestro» y debemos trabajarlo**, ni tampoco que cada malestar es siempre una activación interna que debemos procesar en soledad. Al contrario, atender nuestro mundo interno implica **desarrollar la capacidad de discernir y afinar nuestra escucha interna** para saber cuándo el dolor que sentimos habla de nuestras heridas pasadas y cuándo es una señal legítima ante una conducta externa que nos vulnera y aleja de nosotras.

Hay partes de nosotras más racionales que, con la información, pueden «psicologizar», es decir, tratar de explicar de manera racional y desde una perspectiva psicológica lo que nos ocurre, incluso el daño real. Pero, a pesar de comprender las heridas de los demás, hay palabras que duelen, gestos que excluyen y muestran rechazo, relaciones que agotan..., y **reconocerlo no es victimizarse, sino identificar y nombrar la verdad**.

Cuando escribo estas líneas pienso mucho en Alba, una paciente de veintinueve años que tenía un gran trabajo de terapia a sus espaldas. Cuando llegó a nuestra sesión programada, empezó relatando una escena reciente con sus amigas. Al contarles con ilusión un proyecto nuevo, una de ellas la interrumpió con tono irónico: «Ay, sí, tú siempre tan fantasiosa, siempre con tu vida ideal soñada». Alba vino a consulta removida porque en ese momento, durante la cena, se quedó en silencio, dudando sobre si estaba exagerando y preguntándose mentalmente si eso le dolía por su inseguridad o porque el comentario iba con mala intención o estaba fuera de lugar... ¿Tú qué crees? Tómate unos instantes para reflexionar sobre ello antes de seguir.

En el caso de Alba, **ambas cosas eran ciertas**. Una parte de ella se había sentido invalidada, sí, pero, además, la actitud externa de su amiga fue despectiva, por lo que no podemos reducirlo solo a su mundo interno.

Y esta reflexión también es para ti: si alguna vez te has preguntado si tus heridas podían nublarte la realidad o si estabas exagerando, si deberías entender más, tener más paciencia, cuidar más del otro, es posible que, en realidad, estuvieras dejando de ver tus necesidades. Lo importante es poder detectar lo que duele dentro y fuera de tu mundo interno, pero sin dejar de estar nunca de tu lado.

El dolor emocional que sentimos **no siempre proviene únicamente de nuestras heridas internas**; en muchas ocasiones es una reacción legítima a actos externos que nos dañan. Saber discernir entre una activación interna y una vulneración externa es parte del trabajo de conocernos y protegernos emocionalmente.

La vergüenza de ser en comparación con los demás

Estás en una fiesta mayor de verano. Suena música que invita a moverse, a soltarse, algunas de tus amigas ya están bailando. A ti te encanta bailar, y la canción que empieza a sonar en ese instante te gusta mucho... Te lo estás pensando, pero tu cuerpo no se mueve. Sientes que hay algo en ti que señalarán, que alguien dirá: «Mira, no tiene ritmo», «Uf, ¿has visto qué cuerpo tiene?», «Qué ropa más fea lleva», «Anda, qué torpe, no se sabe la coreografía». Lo cierto es que este es el sonido de tu cabeza, que trabaja a toda marcha pensando en lo que alguien podría juzgar. Así, cuando tus amigas te preguntan que por qué no bailas, mientes y dices que te duelen los pies con una amarga sonrisa. Te sientes fuera de lugar.

EJERCICIO

Escribe unas líneas pensando en qué partes de ti has aprendido a ocultar para encajar, qué temes que se vea de ti, en qué espacios te sientes forzada a ser distinta y qué cambiaría de tu vida si esa vergüenza fuese más pequeña y no tuviera poder.

....

....

....

....

....

No todas las heridas sangran. Algunas se camuflan en cómo nos movemos, en lo que evitamos, en los silencios que guardamos o en lo que dejamos de intentar, y una de esas heridas silenciosas es **la vergüenza**. Y no me refiero al rubor que aparece en tu rostro por algo que no sabes hacer, sino a la vergüenza que aflora por algo que eres. Esta emoción no siempre se muestra de un modo evidente; a veces se disfraza de rigidez, de control, de excusas. Y lo más doloroso es que a menudo nace de la comparación con lo que creemos que deberíamos ser para pertenecer.

Se despierta en muchas ocasiones, y no ocurre porque no sepamos bailar, sino porque crees que hay algo en ti que, si se mostrara tal como es, no sería suficiente. Te comparas y te ves a ti misma en un estadio inferior. Esto ocurre porque, cuando comparamos nuestro mundo interno con las acciones visibles del otro, perdemos de vista una verdad esencial: lo que el otro muestra no siempre es reflejo de su esencia, mientras que lo que sentimos sí que es reflejo de lo que aún no hemos podido abrazar en nosotras.

En mi caso, si hace unos años hubiera estado en la fiesta mayor que describía al principio de este apartado y hubiera visto a alguien mostrándose auténticamente, sobre todo bailando sin preocuparse por cómo lo hacía, habría pensado que esa no era su verdadera esencia, sino que probablemente se había excedido con las copas... Yo también deseaba mostrarme así de libre, pero creía que tenía que hacerlo de la manera correcta: saberme la letra para poder cantarla, conocer la coreografía a la perfección... ¿Cómo podía alguien ser tan libre y expresarse de ese modo, sin preocuparse por el qué dirán? Para mí, eso era impensable.

Esta versión, pues, busca profundizar un poco más en la contradicción interna que experimentabas en esa situación y da una idea más clara del conflicto entre el deseo de ser auténtico y el miedo a ser juzgado. En algún punto de nuestra historia, entendimos que mostrarnos tal como somos podía significar rechazo, juicio o abandono, así que **aprendimos a moldearnos y a escondernos en lugar de ser nosotras de verdad**.

Así, nos alejamos de nosotras mismas y nos topamos con la

pérdida de autenticidad, que, a su vez, nos genera más rechazo hacia quienes somos. Con el tiempo, aprendimos a medir nuestro mundo interior a partir del mundo exterior. Sin embargo, el camino es dejar de mirar al otro como medida y empezar a mirar hacia dentro sin juicio.

Nuestra forma de ser no es un error que necesita corrección, sino una realidad que puede albergar heridas que necesitan reconocimiento.

Y es que quizá no se trata de bailar bien, sino simplemente de permitirte bailar o ser de la forma que eres, aunque tiembles por dentro.

Por eso, cuando te comparas con el exterior y has aprendido a sobrevivir desde la complacencia, ver que otra persona pone límites te parece egoísta o peligroso. De hecho, incluso es probable que, cuando alguien pone límites con claridad, ese gesto te despierte rechazo o incomodidad: esa persona está habitando con un permiso que tú aún no te permites. Lo mismo pasa cuando empiezas a escuchar tu propia voz de alarma y decides cuidar de ti misma: te das cuenta de lo irritable que te parece la persona que quiere agradar, que no toma la última decisión, que pide opinión mil veces antes de elegir el sabor de la tarta de su cumpleaños…, y te enfadas porque sabes exactamente lo que está viviendo, y te duele a la vez saber lo que siente…

Sentir vergüenza de nosotras mismas moldea muchísimo nuestras decisiones y nuestra vida, y, en consecuencia, nuestra autoestima. Esto, por ejemplo, es lo que le ocurrió a Laura, que estaba avergonzada de su cuerpo y por eso durante años había evitado ir a la playa, ponerse pantalones cortos, salir en fotos o dejarse ver sin maquillar. Como es obvio, eso no solo afectó a sus planes de verano, sino que también condicionó sus vínculos, su sexualidad, su capacidad de disfrutar, de permitirse el juego, el movimiento..., incluso el deseo.

Mar, por su parte, tardó años en aceptar su orientación sexual debido al odio y a la discriminación que vio que los demás sufrían en el instituto. Creció en un entorno donde ser diferente era peligroso, donde la burla y el rechazo estaban siempre al acecho, así que aprendió a ser invisible, a evitar el contacto visual y la intimidad con otras chicas, a vivir una versión reducida de sí misma. Por eso, cuando por fin empezó a acercarse a su auténtica yo, no solo tuvo que enfrentar el miedo al rechazo externo, sino la culpa interna de haber deseado ser quien era.

Celia, que es neurodivergente, siempre sintió que había algo «mal» en ella, pues se saturaba antes que los demás en situaciones sociales y necesitaba silencio para regularse. Le contaron que el problema residía en que «eres demasiado intensa», «no sabes divertirte» y «eres muy rara». De este modo, aprendió a forzarse, a imitar y a callar cuando, en realidad, necesitaba un descanso.

La vergüenza no solo duele, sino que condiciona y nos coloca máscaras. Nos aleja, en fin, de nuestras necesidades reales, de nuestros ritmos, de nuestras pasiones, y a veces incluso de nuestros propios límites.

Cuando eso ocurre, dejamos de vivir desde el *self* y comenzamos a vivir desde partes que nos protegen: la parte complaciente, la que se exige en exceso, la que disimula, la que calla, la que lo observa todo con inseguridad, etcétera. Porque, si crecimos pensando que para ser queridas debíamos ser útiles, delgadas, silenciosas o fáciles de llevar, entonces cualquier diferencia respecto a esas expectativas y expresión de autenticidad será interpretada como un riesgo, aunque esa vergüenza fuera la forma en que nos protegimos cuando ser nosotras mismas era peligroso.

Así pues, necesitamos mirar esa parte con compasión para afrontar la pérdida y recuperar lo que quedó atrás: la libertad de ser; de bailar sin miedo al juicio, de descansar sin justificarte, de poner límites sin sentirte egoísta, de amar sin esconderte y de mostrarte tal como eres sin pedir perdón ni permiso.

Cuando dejamos de compararnos y empezamos a escucharnos, lo que aparece quizá no es perfección, pero es verdad. Y esa verdad, aunque a veces tiemble, es lo que nos conecta de verdad con la vida, con sentir que somos las protagonistas y llevamos nosotras las riendas.

EJERCICIO

Imagina que estás en una fiesta. Suena tu canción favorita y nadie te está mirando con juicio; te sientes libre para moverte desde lo que tu cuerpo necesita y desde lo que sientes sin miedo a equivocarte, sentirte torpe o ser juzgada. Detente y pregúntate: ¿Qué versión de ti misma necesita que bailes por ella hoy? Escanea el siguiente QR, añade en la siguiente *playlist* colaborativa tu canción favorita y bailemos juntas, porque no estás sola.

....

....

....

....

....

....

....

10

DEJAR ATRÁS Y VOLVER A CONFIAR

> Querida yo, confío en nosotras, lo estás haciendo bien.
>
> YAMI SAFDIE y CAMILO, «Querida yo»

Liberar las cargas: expectativa vs. realidad

Nuestra confianza interna es innata, pero, como hemos visto en estas páginas, a menudo no la hemos cultivado o fortalecido debido a las experiencias externas, los mensajes de los demás y las dificultades por las que hemos pasado. **Hemos acumulado creencias y cargas que han quedado atrapadas en distintas partes de nuestro ser y han distorsionado nuestra visión sobre nosotras y el mundo.**

El proceso de liberar cargas se divide en seis pasos fundamentales, que van desde la conexión con nuestra esencia hasta la integración de nuestras partes sanadas. En el contexto de la consulta de terapia, este proceso busca recordar y restaurar nuestra confianza interna, acompañar a integrar y reparar las partes heridas del pasado y liberarlas de las cargas o creencias que se han acumulado a lo largo del tiempo.

1. **Establecer una conexión con tu esencia** para ser testigo de tus partes internas, las cuales forman parte de ti, y conseguir decirte algo como: «Esta parte también soy yo, pero no toda yo».
2. **Identificar las partes internas:** cada una tiene una función y una motivación que nos permite entender su rol y por qué están atrapadas en protegerte de una forma que no produce el efecto deseado.
3. **Desarrollar una relación de confianza con estas partes** y comprender que generalmente están ahí para protegerte, pero que a veces lo hacen de manera dolorosa. De este modo, podemos tratarlas con compasión para que se sientan seguras y puedan comunicarse.
4. **Exponer y escuchar las cargas emocionales:** dar espacio a los traumas, las creencias y conclusiones, como, por ejemplo, la convicción de que hay algo malo en nosotras o las emociones que no hemos procesado.
5. **Liberar cargas y sanar una vez que la parte ha sentido que ya no necesita protegerte:** esta liberación es posible transformando esa creencia en otra más ajustada a la realidad y sin reprimir lo que sientes, expresándote en busca de apoyo y ofreciéndotelo a ti misma.
6. **Integrar las partes sanadas** para que todas puedan ver cómo tu esencia las contiene y las lidera. Así, hay que reevaluar y mantener la armonía interna para que, cuando esas partes vuelvan a actuar desde sus roles protectores, puedas reconocerlos y no confirmar la carga que llevan.

Con Laia, de veintiún años, llevar a cabo todo este trabajo nos llevó meses. Cuando la conocí, ya hacía años que sentía un peso invisible sobre sus hombros, como si arrastrara una mochila llena de piedras. **En su interior, sentía una constante insatisfacción, ansiedad y duda.** No sabía cómo liberarse de esa carga, hasta que un día decidió buscar ayuda, y fue entonces cuando empezamos a trabajar juntas.

Laia se permitió sumergirse en su interior y, pronto, afloraron diferentes partes internas, cada una con un propósito diferente. Pese al ruido que suponía darles un espacio, sintió alivio al comprender que esas partes solo estaban tratando de protegerla, y también entendió que esas antiguas creencias le estaban robando la paz.

Laia fue consciente entonces de que el miedo a no ser aceptada por no ser perfecta venía de una de sus partes. Además, el proceso terapéutico la ayudó asimismo a cuestionar esa creencia y a permitirse que la vieran tal como era, aunque tuviera imperfecciones. A medida que Laia empezó a hablar con sus partes, comenzó a verlas no como enemigas, sino como defensoras que habían estado haciendo su trabajo lo mejor que podían, aunque no se daban cuenta de que ya no necesitaba esa protección.

Las cargas que había estado llevando durante tanto tiempo ya no le servían.

El miedo a la crítica y al rechazo, así como la exigencia constante, ya no eran útiles para la persona que Laia quería ser hoy. Un día, le propuse organizar una especie de ceremonia interna de liberación y visualizó una luz cálida y sanadora que rodeaba a esas partes de sí misma. Con cada respiración, la luz empezó a disolver las cargas que estas habían estado llevando, las volvió menos pesadas, para que la ayudasen sin presión y permitirle mostrarse vulnerable con personas seguras para ella...

De esta forma, esas partes comenzaron a apoyarla sin la presión de antes, y, así, ese ejercicio la ayudó a materializar, de forma visual, todo el trabajo que había realizado en terapia. Fue como poner un cierre simbólico a los ciclos de ansiedad y autocrítica que tanto la habían limitado, algo que muchas veces necesitamos para avanzar realmente.

Las partes que habían mantenido a Laia atrapada durante tanto tiempo en ciclos de ansiedad y autocrítica ya no tenían el mismo control sobre ella. Había aprendido a escuchar a sus partes internas, a entender sus necesidades y a liberarlas de las cargas que ya no eran necesarias para volver a confiar en sí misma.

Tu autoestima liderada por tu esencia

Después de años de escuchar a las voces críticas y de actuar siguiendo las expectativas externas, reconstruir la confianza en ti misma puede ser difícil y quizá te asuste. Es normal; es algo nuevo, y lo nuevo a veces puede dar miedo. Si has crecido y vivido durante tiempo ocultándote, es natural que dudes de tu propio juicio y de tu capacidad para liderarte y tomar decisiones que estén alineadas con tu verdadera esencia, que es lo que le ocurría a Grecia.

Un día, Grecia, una paciente de treinta y ocho años, estaba reflexionando, sentada en su sofá, sobre los avances que había hecho en terapia. No obstante, al mismo tiempo, la incertidumbre y el miedo comenzaban a nublar su mente, y no sabía si podía confiar en sí misma para acompañarse. En el silencio de su salón, decidió escuchar a sus partes como había hecho en terapia, dándoles voz, como si estuvieran en una sala de reuniones:

Su parte crítica se hizo escuchar de inmediato:

Vas a fallar. Te estás confiando demasiado. ¿Qué pasa si no puedes mantener todo esto? ¿No lo ves? Solo será cuestión de tiempo antes de que te des cuenta de que no eres capaz.

Su parte vulnerable decía algo así como:

Yo solo quiero sentirme segura, necesito saber que me quieren, que soy suficiente tal como soy. Pero tengo miedo de que eso no pase... Si no soy perfecta, me rechazarán.

Su parte escéptica, aunque con un tono más calmado, también se unió al coro de dudas:

Mejor no arriesgarse. Quédate en el terreno conocido. Si sigues adelante, podrías enfrentarte a un nuevo dolor, y no sabemos si podremos soportarlo.

Mientras Grecia escuchaba la algarabía interna generada por sus voces, empezó a conectar con su esencia a través de la escucha y el diálogo interno, algo que habíamos trabajado mucho en terapia. Y, de pronto, escuchó:

No sé si lo haré perfecto, pero sé que soy capaz de intentarlo. Estoy aprendiendo a escucharme, a confiar en lo que siento. Ya no quiero depender tanto de lo que piensen los demás.

Pero, claro, **después del destello del *self* y de experimentar nuestra capacidad de liderarnos, viene el miedo a mantenerlo**. Surgen, pues, las dudas acerca de si hemos salido airosas ante un obstáculo gracias al destino y sobre si podremos volver a acceder a la compasión que necesitamos para liderar y dar voz a nuestra esencia.

Esto ocurre con frecuencia en las sesiones en las que nos aproximamos al cierre terapéutico. En ellas, algunos miedos se repiten de manera recurrente, y a menudo escucho frases como la que me dijo Grecia en una de nuestras últimas sesiones juntas: «Ahora me va bien porque tú estás aquí. Cuando nos vemos, me recuerdas esto y me va bien, pero, cuando me quede a solas, volveré a creer que no me merezco las cosas buenas que me pasan o que no soy lo suficientemente buena. Yo no sé ser tan compasiva o cariñosa como tú lo eres siempre conmigo».

Grecia: ¿Y si fue solo un momento de suerte? ¿Y si no puedo sostener esta confianza para siempre?

Marta: Es normal dudar, ya que confiar en ti misma es un proceso que lleva tiempo y puede asustar. Cuando has vivido tanto tiempo sin creer en ti, el empezar a hacerlo se siente como algo nuevo, desconocido, y eso da miedo. Pero quiero que reflexionemos juntas: ¿cómo crees que habrías respondido a una situación así hace unos meses?

Grecia: Creo que no me habría permitido sentir el miedo, me habría dejado atrapar por él, intentando ser perfecta y castigándome por dudar y no saber. Pero, Marta, todavía me resulta difícil no quedarme siempre atrapada; hay días en los que el miedo parece tan grande que siento que no puedo salir de ahí.

Marta: Te entiendo, y te voy a contar algo que igual ya te he contado anteriormente, pero me gusta mucho para ilustrarlo. Recuerdo que, cuando tenía a mi perro Dan y venían a casa mis amigas, siempre se acercaba a la amiga que más miedo le tenía. Era como si le dijera: «Sé que del resto recibo amor, pero me falta el tuyo». De alguna forma, nuestras partes más vulnerables a veces se quedan atrapadas en esos miedos, buscando la seguridad externa. Pero ahora, como adulta, puedes ser tú quien te brinde esa seguridad, puedes ser quien acompañe a esa niña interior asustada. No te puedo asegurar que las voces críticas desaparecerán de inmediato, pero estoy convencida de que puedes sostenerte y decirle a tu niña: «Está bien, no estás sola. Puedes hacerlo».

Grecia: Es raro pensar en mí misma como una adulta que puede darme seguridad. Siempre me he visto como alguien que en general no sabe qué hacer, pero después de estos meses trabajando juntas, empiezo a darme cuenta de que tal vez sí que tengo esa capacidad.

Marta: ¿Y cómo se siente contar con esa capacidad para los momentos de duda? ¿Qué le dirías a tu niña interior al ser consciente de ello?

Grecia: Que está bien sentir miedo y equivocarse. Que eso no la hace menos valiosa, que la quiero igual...

Marta: Eso que le dices a tu niña te lo puedes decir a ti misma, a tu yo de hoy. El camino de la confianza no es permanente ni lineal. Habrá momentos en que aparezcan las dudas, en que los detonantes abran las heridas... Pero todo eso no te hace menos valiosa, te mereces quererte igual...

Es importante recordar que, en el camino de recuperar la confianza, de sanar y cultivar nuestra autoestima, también aparecerán las dudas y la vulnerabilidad. Por eso, tal como le dijo Grecia a su niña interior, recuerda: **el miedo y los errores no te hacen menos valiosa**. Sin duda, surgirán momentos de inseguridad, como, por ejemplo, cuando algo en el trabajo te lleve a cuestionar tu capacidad laboral. A veces nos dejamos arrastrar por la crítica interna, y entonces es fácil caer en la trampa de pensar que nuestros fallos nos definen. Sin embargo, lo cierto es que la persona que fuimos, con todas sus inseguridades, y la que somos ahora, con las lecciones que hemos aprendido, siguen bailando juntas.

Tu esencia no depende de la perfección, sino de tu capacidad para levantarte, aprender y seguir adelante.

Las historias de Laia y Grecia son un resumen «casi perfecto» de lo que hacemos en terapia, pero, como profesional, es mi responsabilidad dejarte claro que, si bien reflejan una parte importante de la realidad, falta mucho contexto. Por eso, a continuación, hablaremos de lo que muchas veces también ocurre en terapia: **del dolor que a veces supone crecer y querernos**.

¿Por qué la autoestima duele tanto?

La autoestima duele porque está profundamente conectada con nuestras emociones más vulnerables y con las expectativas que tenemos sobre quiénes deberíamos ser para ser suficientes y queridas.

La raíz de ese dolor está en la desconexión entre nuestro ser real y las percepciones sociales o internas, que nos dicen que hay algo malo en nosotras y que no está bien como somos. **Por eso, mi objetivo a lo largo de todo el libro ha sido que estas páginas abrieran un camino de reconocimiento interno para ti y que así aprendas a verte como necesitas para trabajar en sentirte suficiente y quererte.** Mi intención es que entiendas que todo lo que creías hasta la fecha acerca de ti puede cuestionarse.

Para ello, he tenido muy presente una pregunta que me hicieron en una presentación de mi anterior publicación, *Querida mamá: me dueles*. Recuerdo que una chica me preguntó: «Así como los autores de terror o romántica buscan provocar ciertas emociones, ¿tú qué quieres que sintamos al leerte?».

En ese momento, como ahora con este libro, lo tuve claro: quiero que al leerme sientas alivio. Ese que nace cuando encuentras una respuesta que, aunque quizá no lo sabías, algunas partes de ti necesitaban escuchar. Deseo también que la lucha constante por ser distinta pueda detenerse y cambies tu foco para centrarte en aceptar quién eres, entender cómo funcionas y reconocer lo que necesitas.

La autoestima no es solo un concepto abstracto; como has podido ver si has llegado hasta aquí, **es un aspecto multidimensional**, formado por varias dimensiones, entre ellas, la cognitiva, la relacional, la conductual, la emocional, la corporal y la existencial. Todas ellas influyen y moldean nuestra percepción del mundo y, sobre todo, nuestra relación con nosotras mismas, desde cómo pensamos o nuestro valor, hasta cómo nos sentimos y actuamos.

El dolor asociado con la autoestima no surge de la mera falta de reconocimiento externo. Nace, en cambio, y sobre todo, de la desconexión interna: del distanciamiento de nuestro yo más auténtico.

Antes de seguir leyendo, reflexiona a partir de las siguientes preguntas:

- ¿Creemos que somos capaces de superar obstáculos o nos vemos como personas destinadas al fracaso?
- ¿Podemos aceptar nuestra humanidad imperfecta o caemos en la trampa de la exigencia y la vergüenza de no ser perfectas?

- ¿Nos apoyamos cuando enfrentamos desafíos y nos ponemos límites saludables o nos autosaboteamos debido a un sentido de insuficiencia?
- ¿Nos sentimos completas incluso sin la aprobación de los demás?
- ¿Creemos que nuestra vida tiene significado más allá del éxito tangible o nos sentimos vacías cuando no alcanzamos metas externas?
- ¿Creemos que somos dignas de amor y aceptación tal como somos o sentimos que necesitamos cumplir con ciertos estándares para ser valoradas?
- ¿Podemos abrazar nuestras imperfecciones con compasión o nos castigamos por no cumplir con expectativas que ni siquiera nos pertenecen?
- ¿Nos permitimos descansar y cuidar de nosotras mismas o caemos en la trampa de la productividad y el hacer constante, temerosas de no ser suficientes?
- ¿Podemos ser vulnerables y abrirnos a los demás o preferimos mantener una fachada de control y perfección, pues tememos que nuestra verdadera esencia sea rechazada?
- ¿Nos sentimos plenas y satisfechas con nuestras experiencias y relaciones o nos comparamos y medimos constantemente con la vara de logros externos?

Me gustaría que estas preguntas pudieran ayudarte a reconocer las partes críticas de ti misma, a ser consciente de la compasión anhelada y del rechazo vivido, a explorar entre la autenticidad que se expande y el guion de vida que te estrecha, a evaluar tu valía más allá de lo que haces. Desearía, en definitiva, que estas preguntas te ayuden a integrar todas esas partes de ti que cuidaron de tu ser antes de que pudieras hacerlo tú.

Durante años, quizá te has dejado liderar por las expectativas ajenas, las voces críticas que dictaban lo que «deberías» ser, hacer o tener, y ahora, al intentar dar un paso hacia la autenticidad, puede que sientas miedo, incertidumbre o incluso resistencia. Es natural, porque has crecido en un entorno que te enseñó a adaptarte, a ocultar partes de ti misma.

Sin embargo, lo que ahora estás aprendiendo es a escuchar esas voces internas que te han acompañado, pero de una manera diferente: integrándolas con la compasión que te permite abrazar a las partes heridas a la vez que confías en tu propio juicio, que se convierte en **la fuerza amorosa que te llevará hacia adelante**.

Las que fuimos y las que somos en danza

Es viernes, se acerca el fin de semana. Ya empiezas a conectar con el descanso, solo te quedan un par de horas para volver a casa. Sin embargo, hoy en el trabajo, durante una reunión, la jefa ha cuestionado indirectamente la manera en la que hace unos días se resolvió una tarea. No ha dicho nombres, pero tú has sentido que el dardo iba directo a ti y a Laura, tu compañera. Esta se marcha de fin de semana liderada por una parte crítica:

> Seguro hablaba de mí. Siempre fallo en algo. No entiendo cómo no me he dado cuenta antes. No sé ni por qué me esfuerzo.

Cuando llega a casa, no cena ni contesta los mensajes pendientes. Ya en la cama, repite la escena en su cabeza e incluso siente vergüenza cuando recuerda su sonrisa al salir de la oficina. Su parte crítica le decía en ese momento algo como: «Te cuido cuando te recuerdo tus errores; lo hago para que no vuelvas a exponerte y sufrir más».

Tú, en cambio, has sentido incomodidad en la reunión; has notado al instante cómo se te encogía el estómago y te ponías roja. Al llegar a casa, te has tomado un momento de silencio en el sofá, has colocado una mano donde antes habías sentido la tensión y has dicho para ti:

> Uf, cómo me ha removido mi jefa. Si cierro los ojos, todavía veo su cara, su gesto, escucho el tono de sus palabras... He sentido que no he hecho suficiente, y he notado ganas de llorar y de que alguien me abrazase.

Algunos días podrás acompañarte en el dolor, estar contigo y no dejarte sola. Otras veces, en cambio, serás como Laura: aparecerán tus partes protectoras al rescate y te dolerá respirar, pero, en cualquiera de esos días, serás suficiente.

El trabajo de autoestima que estamos haciendo juntas no busca no sentir nunca más miedo, ni tampoco confiar en ti al cien por cien todos los días, ni abrazar la autoestima como si fuese una meta final (algo que podría decir tu parte exigente).

EJERCICIO

Busca en tus recuerdos algún momento incómodo en el que hayas experimentado tensión e imagina a esa parte dentro de ti. ¿Cómo te hablarías si recordaras que dentro de ti vive una adulta sabia, paciente y amorosa?

....

....

....

....

....

....

....

....

No se trata de pretender vivir una vida sin miedo o de lograr siempre lo mejor, sino, simple y llanamente, de permitirte ser humana.

No todo tiene que ser sobresaliente para que tenga valor. A veces, lo más importante es simplemente disfrutar el proceso, no del resultado, y no exigirte más de lo que por ahora no puedes darte, ser amable contigo misma y soltar la presión innecesaria.

Cuando las cosas no me salen bien: el arte de ser mediocre

Teresa, una joven de veintiséis años, llegó a terapia hablándome de su doble grado, los idiomas (una de sus muchas pasiones), las amigas que la adoraban… y la sensación de que algo no iba bien.

> No sé si estoy aquí por una tontería…, pero estoy agotada. Constantemente siento que, si no hago las cosas bien, todo se va a venir abajo. Antes me pasaba con cosas importantes, como con la selectividad o así, pero últimamente también me pasa con cosas pequeñas. Por ejemplo, me apunté a cerámica… Y me gustó, ¿eh? Me relajaba. Pero esta semana hay que entregar la pieza final y estoy pensando en no ir. Es ridículo, lo sé. Pero no quiero enfrentarme a ver que no soy buena. Que mi pieza es fea. Me siento tonta incluso contándotelo; seguro que vas a pensar que te hago perder el tiempo.

Durante las sesiones, descubrimos que el **círculo vicioso de la exigencia** llevaba a Teresa a pensar que no era capaz de atreverse a probar ni a explorar nada nuevo. Sin embargo, lo cierto era que Teresa solo se permitía mostrarse en lo que sabía que hacía bien y evitaba todo aquello con lo que pudiera sentir incomodidad, como si lo que no dominaba fuera una amenaza a su valor personal.

A mí me han elogiado toda la vida por hacerlo todo bien. Por ser brillante, ordenada, segura. Me he convertido en eso. Pero, ahora que quiero hacer cosas por placer, por probar..., me da miedo. Me da miedo no ser buena. Me da miedo no gustarme a mí misma si no lo hago bien.

Durante la terapia, muchas veces tenemos muy claro lo que queremos hacer para evitar la incomodidad, el dolor. Como consecuencia, no nos damos espacio para pensar en la excepción, en la alternativa, en lo peor que podría pasar, por ejemplo, que vayas a una clase de cerámica y no te guste tu pieza.

Lo peor... creo que sería sentir vergüenza. Que la gente me vea y piense: «Vaya, esto no está a la altura de lo que esperábamos de ella». Que no encaje con la imagen que los demás tienen de mí. Que no encaje con la imagen que tengo de mí misma.

Y es que, en muchas ocasiones, necesitamos deshacer el nudo atendiendo a lo que está detrás de esa claridad que parece que es simplemente «hacer las cosas bien». No obstante, en el fondo, esta ocultaba y a la vez dejaba a la vista que lo importante para Teresa no era equivocarse o fallar. Se relacionaba, en cambio, con lo que los demás le dirían, y lo que ella misma se diría, si eso pasaba, así como con lo que asociaba al amor, la validación, la pertenencia.

En la siguiente sesión, Teresa, que se había permitido fallar, compartió su aprendizaje:

> Al final fui, llevé mi pieza y no era bonita, ¿eh? De verdad que no lo era, pero la dejé en la estantería con todas las demás. Y vi que otras personas se reían de las suyas o se sorprendían con lo que habían hecho, y entonces me di cuenta de que todo lo que he empezado por ocio lo acabo convirtiendo en una exigencia. En cambio, para ellas no era un examen, sino un juego. Ahí me di cuenta de que me estaba negando la experiencia de vivir cosas nuevas por miedo a no ser la mejor, a no brillar en todo lo que hago, pero me gustó mirarnos las manos manchadas y compartir eso, sin tener que destacar, siendo una más.

Teresa no acudió a terapia por una baja autoestima como tal, sino por algo más difuso, por el cansancio invisible de sostener una imagen perfecta. Sin embargo, en el fondo, lo que vino a aprender fue que **valer no depende de rendir ni de sobresalir, y que tu derecho a estar no necesita justificación.**

Lo que Teresa descubrió en esa experiencia fue, pues, el poder de liberarse de la carga de la perfección constante.

La distancia entre quien eres y quien quieres ser no tiene que ser una brecha inalcanzable, sino un camino de autocomprensión y aceptación.

A veces, la confianza se construye en el momento exacto en que decides soltar el peso de antiguos objetivos y eres capaz de sentirte satisfecha al hacer suficiente, sea lo que sea lo que signifique esto para ti, aunque para otras partes más antiguas de ti no lo sea.

Salvar la distancia entre quien soy y quien quiero ser

A veces no entendemos por qué nos cuesta tanto mirar hacia atrás sin sentir culpa o encogernos un poco por dentro. **No hablamos solo de momentos aislados ni de decisiones puntuales, sino de etapas enteras en las que no nos reconocemos: cuando nos callamos demasiado, cuando nos aferramos a relaciones que nos dolían, cuando no supimos decir «no», cuando parecíamos otra persona.**

Muchas veces, ese pasado está marcado por una relación de pareja en la que sentimos que no fuimos nosotras mismas, o por una amistad en la que cedimos más de lo que queríamos, en la que hicimos algo que traicionaba nuestros valores, en la que confundimos querer con necesitar…

Y, aunque sabemos racionalmente que hicimos
lo que pudimos con lo que teníamos, el malestar aflora.
Pero en nuestro interior no lo sentimos así;
no hay esa comprensión.

Es como si un susurro persistente nos preguntara: «¿Cómo pudiste permitir eso?», «¿Cómo pudiste hacer algo así?», «¿Dónde estabas tú?», «¿Cómo te rebajaste así?». Y entonces, desde el presente y desde una parte más rígida, juzgamos a la versión que éramos en el pasado. Es como si hoy, que tenemos más herramientas, más conciencia y más palabras, nos castigáramos por haber sido vulnerables.

Pero lo cierto es que esa versión de ti (la que hizo daño sin intención, la que se ocultó, la que se quedó demasiado tiempo, la que se olvidó de sí misma, la que esperó una señal o un cambio que nunca llegó) no actuó de ese modo porque fuera débil o tonta: lo hizo porque creía que era lo que necesitaba. **Porque, en ese momento, con ese nivel de conciencia, eso era amar, y sobrevivir.**

A menudo, desde una mirada terapéutica, la autocrítica y el juicio hacia nuestro pasado cumplen una función protectora, como nuestras partes. Al culpar a la versión que fuimos, sentimos que tenemos cierto control: «Si yo fallé, entonces, ahora que ya no fallo, no volverá a pasar». Pensamos que, si nos reprochamos lo suficiente, nos mantendremos a salvo, aunque ese castigo constante, lejos de ser preventivo, es retraumatizante.

No basta con entender por qué lo hicimos, sino que debemos acercarnos a esa versión de nosotras con verdadera compasión, no desde el paternalismo al que puede llevarnos saber lo que sabemos hoy, sino desde el reconocimiento de su humanidad. Al fin y al cabo, quien éramos entonces no merece nuestra burla; **merece nuestro abrazo**.

EJERCICIO

A continuación, te presto un abrazo escrito para que te lo puedas hacer llegar. Lee en voz alta la siguiente carta como si se la leyeras a una amiga que busca comprensión y una caricia en forma de palabras.

Querida yo:

He tardado años en volver a mirarte sin sentirme molesta contigo. A veces te pienso y me dan ganas de sacudirte. Pero hoy, por fin, entiendo que no lo sabías, que solo intentabas sobrevivir. Solo querías sentir que te querían, e hiciste lo que pudiste para conseguirlo.

Todavía me acuerdo de todas las veces en que te quedaste callada por miedo a que te dejaran, en que traicionaste la confianza de quien te quería buscando validación y migajas de amor, en que perdonaste lo que era injustificable...

Pero no me siento mejor que tú, solo más acompañada. Por eso vengo a decirte que ya no estás sola. Lo único que ocurría era que no tenías las herramientas que tengo ahora, así que es normal que actuaras así; si lo tuviera que hacer ahora, lo haría de otro modo.

El autoperdón es una de las tareas más complejas del trabajo con la autoestima; un proceso que nos permite mirar de frente al pasado sin minimizarlo ni exagerarlo, dándole el contexto que tuvo y reconociendo lo que esa versión de ti necesitaba.

Muchas mujeres llegan a terapia preguntándose: «¿Cómo permití eso?», buscando una respuesta única, una sola herida o un solo recuerdo. No obstante, a veces la respuesta está en años de aprendizaje emocional en los que no se nos enseñó a cuidarnos a nosotras mismas.

A continuación, te dejo un espacio para explorar, para seguir trabajando en esas palabras que pueden ser abrazo para ti.

....

....

....

....

....

En resumen, el perdón hacia ti misma no significa olvidar ni justificar, sino dejar de reprocharte el dolor como si fuera culpa tuya haberlo sentido. Implica asumir que tu historia, con todo lo que pasó, merece ser tratada con respeto. Y que tú, la que estás leyendo esto, mereces tu propia ternura. **No por lo que haces, sino por lo que eres.**

Porque eso de lo que te culpas también ocurrirá en el presente. Es posible que dentro de cinco años tengas una información que ahora no tienes, y será necesario que lo recuerdes así, que mantengas ese compromiso contigo misma, en constante cambio, aprendizaje y evolución.

Esta vez no pude hacerlo de otra forma

Visualízalo. Es un día especial, una celebración familiar. Llegas a casa de tus padres con un postre en la mano y el estómago apretado, aunque no porque no quieras ir, o tal vez sí. Sea como sea, hace tiempo que has dejado de preguntarte si vas porque quieres o porque debes hacerlo. Al fin y al cabo, los cumpleaños en familia son sagrados, ¿verdad?

Tu madre habla del precio de las verduras, tu hermana apenas dice nada y mira el móvil sin prestar demasiada atención, pero de vez en cuando asiente para que tu madre no le eche bronca.

Tu padre, por su parte, hace lo de siempre: aprovechar cualquier ocasión para juzgarte con frases como: «¿Y este año tampoco tienes pareja?, ¿no tenías a nadie que traer?». Se escuchan risas, algunas nerviosas. Tú también te ríes por reflejo, como hacías de pequeña para evitar el conflicto, para seguir en silencio y no notar la vergüenza, pero sientes que te quema la garganta.

Cuando estás en la cocina, te acercas a tu madre y habláis de todo menos de lo mucho que te ha dolido el comentario de tu padre. Es consciente de tus ojos llorosos y de tu cambio de humor después de la comida, pero no hay espacio para eso, tampoco ahora. Cuando llegas a casa, el silencio se convierte en un ruido terrible en tu cabeza, y las preguntas te asaltan: «¿Otra vez me he reído en lugar de poner límites?».

Recuerdas el trabajo hecho en terapia, todos los libros que has leído, las publicaciones de Instagram que te has guardado, pero parece que nada de eso ha servido. **Tampoco esta vez**

has podido gestionar la situación de otra forma, ¿o tal vez sí?

Has vuelto a tu casa, al comedor de toda la vida, donde siempre se organizan las celebraciones, y lo has hecho con más recursos, aunque también con el recuerdo grabado de las dinámicas de siempre. No está mal no haber podido hacer frente a ese detonante como te habría gustado; no has fallado. No siempre vas a poder hacerlo y afrontarlo, y tiene todo el sentido: has aprendido a tener que relajar tu interior para agradar, pero no has aprendido a ser tú... Estás en ello; lo importante es que luego ya no te olvidas de ti misma.

Sanar no siempre se percibe como una victoria; a veces significa sentir el impacto de nuevo, usar la protección de siempre y no darte la espalda. No siempre vas a tener ánimo para hablarle a tu niña interior, encender una vela y escribir, meditar... **Acompañarte no tiene que ser perfecto ni brillante; a veces es así, como se recoge en este relato, y eso es suficiente.**

Aunque sonrías en vez de hablar, aunque calles por miedo, aunque evites en vez de afrontar...

Te ves a ti misma haciendo eso. Y eso, amiga mía, ya es una forma de amor.

Cuando tu vida no brilla, pero es igual de valiosa

En muchos momentos de la vida atravesamos ciertas crisis vitales, de propósito o de expectativas que sacuden nuestros cimientos. Sin embargo, a veces estas nos brindan oportunidades para redefinir nuestro camino, aunque no nuestra valía.

María tenía veinte años cuando decidió que a los treinta sería madre. **Esa era su gran meta vital.** Había crecido en una familia donde ser madre era uno de los mayores regalos, y sentía que ese sería el gran logro de su vida. Pensaba que, a los treinta años, tendría un trabajo estable, una casa propia, una familia formada y una criatura a la que cuidar con amor.

La imagen estaba clara en su mente, como ocurre en muchos casos. Pero su sueño estaba teñido de una idea muy específica de éxito: ser madre en un momento que la sociedad había marcado como la edad ideal para dar este paso.

Todo encajaba perfectamente en su mente, pero, al llegar a esa edad, se encontró con una realidad distinta. Su vida no se había ajustado a ese guion, y eso le provocó una sensación de pérdida, de no haber cumplido con la promesa que se había hecho a sí misma. Tenía treinta años y no había sucedido nada de lo que había imaginado. Así que empezó a sentirse perdida, a dejar de hacer las cosas que le gustaban, a creer que su vida estaba en pausa y no sabía ni cómo ni hacia dónde avanzar. Por eso, decidió comenzar a ir a terapia.

En ese momento, María no tenía pareja, su trabajo no era el que había imaginado y la maternidad no estaba en sus planes inmediatos. La vida la había llevado por donde no esperaba: había tenido que mudarse varias veces por trabajo, se había centrado en su desarrollo profesional y había tenido relaciones que no habían crecido lo suficiente para formar una familia. De modo que ahí estábamos, en terapia, mirando juntas hacia atrás, con el peso de las expectativas y la sensación de haber fallado, de que su vida no era lo que había imaginado y no la hacía sentir dichosa.

A veces, la gente a su alrededor le preguntaba sobre sus planes para ser madre. Entonces, ella respondía con una sonrisa nerviosa, diciendo que aún no era el momento, que estaba centrada en su carrera. No obstante, por dentro se sentía vacía, como si hubiera perdido algo esencial, como si no hubiera cumplido con una parte fundamental de su vida. María sentía que se había quedado atrás, que su vida no era como la de las demás mujeres de su edad. Se preguntaba si alguna vez tendría eso; se había visualizado siendo madre a los treinta y, al no haber sido así, se preguntaba si su vida tendría el mismo sentido.

Un día, hablando con su mejor amiga, esta le dijo: «La vida no tiene que brillar para ser valiosa. A veces, en nuestra cabeza, asociamos la felicidad y el éxito a una imagen que no siempre corresponde con lo que realmente necesitamos. Tu vida es valiosa porque tú eres valiosa, no por lo que has o no logrado». Tras esa conversación trascendental, María vino a terapia y me contó que había estado reflexionando acerca del trabajo gracias a nuestras sesiones y a las palabras de su amiga. Al fin había comprendido que había estado tan centrada en cumplir con una idea de vida «ideal», con la exigencia, **que había olvidado que no hay una única manera de vivir una vida plena**.

Es en momentos así cuando nos damos cuenta de que, aunque la vida no haya seguido el camino que planeábamos, eso no significa que nuestra versión actual sea un fracaso. **Nos duele dejar atrás lo que soñamos, y ese dolor es legítimo.** La sensación de pérdida, la que nos dice que tal vez hemos dejado pasar el tiempo o que algo importante no se ha cumplido, puede ser profundamente dolorosa. Pero lo que estamos aprendiendo, como en el caso de María, es que quedarnos atrapadas en lo que «deberíamos» haber hecho nos puede dejar ancladas al pasado e impedirnos mirar al futuro.

Ahora, en lugar de ver la vida como un camino de metas por cumplir, María estaba aprendiendo a verla como una serie de experiencias que podían ser valiosas y ricas por sí mismas. Había entendido que no tenía que cumplir con un guion preestablecido y que, en cambio, debía abrazar la vida tal como es, con toda su incertidumbre y su belleza, y aprender a convivir al mismo tiempo con las alegrías y las tragedias.

EJERCICIO

Te propongo construir una afirmación que te permita volver al presente con esperanza y sin la exigencia de las expectativas pasadas. Te comparto una y a continuación te dejo un espacio para que puedas reflexionar sobre ello:

«No hay un solo camino correcto; el mío es único».

....

....

....

....

La exigencia disfrazada de sanación

De la misma manera que nos exigimos ciertas metas vitales y cumplir con la *checklist* que creemos que nos marca la sociedad, cuando empezamos a trabajar para sanar nuestras heridas y cultivar nuestra autoestima, a veces, sin darnos cuenta, convertimos el proceso de sanación en un nuevo estándar que cumplir.

No basta con vivir suficientemente reguladas; ahora también sentimos que debemos «sanar bien». Leemos libros, meditamos, vamos a terapia, y, aun así…, siempre hay una parte dentro que sigue diciéndonos:

> «Deberías haber llegado más lejos».
>
> «Tienes que hacer algo con este humor que gastas y con tu intensidad».
>
> «¿Cómo puede ser que aún te duela esto?».
>
> «Si lo estuvieras haciendo bien, ya no sentirías este malestar».

Esa es tu parte exigente tomando el megáfono, una voz interna que se viste de «autoayuda», pero que, en el fondo, sigue juzgando. Tal vez antes criticaba tu rendimiento académico, tu cuerpo, tu trabajo…, y ahora critica tu forma de sentir o tu proceso de sanación.

EJERCICIO

Tómate unos minutos para reflexionar acerca de lo que acabas de leer. ¿Tienes una parte exigente con tu proceso? Podrías reconocerla si:

- Sientes culpa cuando aparecen emociones desagradables, como tristeza, rabia o vergüenza.
- Te comparas con otras personas que parecen haber «sanado» más o antes que tú frente a situaciones vitales similares.
- Sientes malestar cuando no sabes actuar desde tu esencia.
- Lees o escuchas mensajes que sientes que te presionan y te exigen en vez de inspirarte.
- Haces prácticas de *mindfulness* o *journaling*, pero te castigas si no las cumples o no ves resultados.

Escribe a continuación tus conclusiones:

....

....

....

....

....

....

....

....

Esto es lo que le ocurría a Valentina, una paciente de treinta y cuatro años. Había leído todos los libros de crecimiento personal que le habían recomendado, escuchaba pódcast acerca del trauma, se había apuntado a un grupo de meditación y cada semana acudía puntual a terapia. Un día, en una de esas sesiones, me dijo: «Estoy haciendo todo lo que se supone que hay que hacer, Marta, pero todavía me siento mal».

Como les ocurre a muchas personas, Valentina no venía a consulta por una crisis concreta, sino por una sensación constante de insatisfacción interna, como si siempre faltara algo en ella y como si, pese a todos los esfuerzos, nunca fuese a llegar a lo que buscaba o aspiraba.

Valentina: Esta semana me he sentido rara, como si estuviera retrocediendo. He vuelto a tener pensamientos que pensé que ya tenía superados, y me frustra. Siento que ya no debería estar así; llevo meses trabajando en mí.
Marta: Me dices que ya no deberías estar así... ¿A qué te refieres exactamente?
Valentina: Siento que estoy haciendo algo mal, que tal vez no estamos ahondando bastante en terapia o que estoy leyendo los libros equivocados... Quizá me puedes recomendar algunas lecturas o... tal vez solo estoy autoengañándome. Es como si tuviera que demostrarme que estoy «sanando bien».
Marta: Valentina, ¿te parece si nos quedamos ahí un momento? ¿Crees que lo que estás sintiendo podría ser una parte dentro de ti que está muy preocupada por «hacer bien el proceso»?

Valentina: Sí..., sí, lo siento así. Como una parte que me empuja a hacerlo todo bien. Está presente cuando medito, cuando voy a yoga, cuando leo, incluso cuando escribo en mi diario. Como si lo hiciera para ser una versión ideal de mí misma; no sé si tiene sentido... Y, si no logro sentirme bien, entonces me trata mal. Me juzga. Me compara con las demás.

Marta: ¿Te animas a cerrar los ojos un momento y conectar con esa parte? Solo para observarla. No para cambiarla. ¿Dónde la sientes en tu cuerpo?

Valentina: En el pecho..., como un nudo..., y también un poco en la cabeza. Noto tensión aquí [se señala las sienes], en los dos lados, como si estuviera todo el tiempo evaluando si estoy cumpliendo o no.

Marta: ¿Puedes preguntarle a esa parte qué teme que suceda si no «sanas bien»? ¿Qué pasaría si dejaras de hacerlo todo perfecto?

Valentina: Dice que..., si no lo hago perfecto, voy a quedarme igual que antes. Que nadie me va a querer. Que no voy a valer la pena.

Marta: Eso suena como una parte que ha tenido que cargar con mucha presión. Parece que piensa que tu valor depende de lo bien que lo hagas todo..., incluso sanar.

Valentina: Sí..., y es agotador. Porque ya no es solo la exigencia de ser buena hija o profesional... Ahora es también la de sanar bien, de ser la paciente ideal. Y, con tantas frases en redes, tantos «si vuelves a caer, es que no has sanado», «rodéate solo de energía elevada, de gente que te sume»..., me siento más culpable cuando experimento tristeza, rabia o confusión. Como si estuviera fallando también en esto.

Marta: Valentina, ¿y si te dijera que sanar no es no volver a sentir, sino acompañarte de otro modo cuando lo haces?

Valentina: Eso... lo cambia todo, Marta. Porque me he estado juzgando incluso por sentir. Y la idea de que no tengo que hacerlo perfecto me da un poco de alivio.

Marta: Las redes, los libros, incluso las terapias, sin querer a veces nos dan mensajes sutiles de cómo «deberíamos estar». Pero tu esencia, tu centro, no te habla en imperativos; esa parte de ti es sabia, paciente, amorosa, no exige, no compara. ¿Crees que puedes conectar con ella ahora? ¿Qué te diría al ver todo esto?

Valentina: Me diría que está bien no saber. Que está bien llorar. Que no hay un camino correcto. Que puedo ir lento, paso a paso y con buena letra. Que no tengo que demostrarle a nadie lo mucho que intento estar bien.

Marta: Eso es. Esa es la voz a la que vamos a seguir dándole espacio durante los siguientes días.

Quizá, como Valentina, tú también llevas tiempo intentando hacerlo «bien» para no añadir otra confirmación a esa lista de que hay algo malo en ti. Es posible que estés intentando sanar como se supone que debes hacerlo, superarlo todo rápido, no enredarte ni repetir viejos patrones, estar en paz. Pero, **en ese intento de cuidarte con buena intención, quizá te has ido alejando de ti misma.**

Quiero, pues, decirte algo que tal vez necesites escuchar hoy: no estás rota. No llegas tarde. No estás fallando. Hay una parte de ti que solo quiere que estés bien, y ha intentado cuidarte exigiéndote una perfección que nadie puede cumplir. No la rechaces, escúchala. **Abrázala. Agradece su esfuerzo.** Pero recuérdale, con toda la ternura del mundo, que ya no estás sola. Que ahora hay una adulta en ti, una presencia sabia, amorosa y paciente que no necesita demostrar nada para merecerlo todo.

Sanar tus heridas no es una meta;
es una manera de estar contigo.

Sanar no es avanzar en línea recta, sino aprender a quedarte a tu lado incluso cuando no entiendes el camino. Cuando puedas mirar a todas tus partes con compasión (las que se exigen, las que se agotan, las que se esconden), empezarás a sentir algo distinto: una confianza suave, interna, que no necesita aplausos ni resultados para sostenerte; porque es un derecho tratarte como te mereces, sin más explicaciones, porque sí.

Y entonces sí. Estarás volviendo a casa.
Contigo.
Siempre contigo.

EPÍLOGO

OJALÁ TODO ESTO PUEDA CAMBIAR

Algunas canciones han marcado el tiempo de escritura de este libro («Si antes te hubiera conocido», de Karol G, por ejemplo, sonaba en todos lados), mientras las series nuevas de Netflix iban y venían y cada semana llegaban a los cines películas de estreno… Todo parecía estar en constante cambio, como ocurre a menudo en nuestro día a día. Sin embargo, aunque el mundo siga girando y cambiando, en nuestro interior **muchas de nosotras seguimos sintiendo lo mismo de siempre: que hay algo malo en nosotras**.

Curiosamente, mientras escribía este libro, aunque me sumergía en música nueva sin cesar y descubría canciones preciosas, como *Ordinary* de Alex Warren, volvía una y otra vez a las mismas películas románticas de siempre. Pero no lo hacía para distraerme, sino para encontrar un consuelo de fondo, una sensación de abrazo que me acompañase a transmitir el abrazo que quiero que te den estas páginas. Y ahí entendí algo que quiero compartirte en estas últimas líneas juntas.

La terapia, el trabajo en nosotras mismas, al menos como yo lo entiendo y lo vivo, tiene dos pilares: sostén y cambio.

A veces empezamos un proceso terapéutico porque necesitamos que alguien camine con nosotras, que **nos dé la mano mientras atravesamos un momento difícil**. Otras veces, en cambio, llegamos buscando transformar algo: cambiar cómo sentimos, cómo reaccionamos, cómo nos relacionamos.

Pero quiero que interiorices el mensaje de que no hay nada malo en ti; que sea un sostén y una invitación a un proceso de cambio, uno en el que mereces saber, comprender, reparar, aliviar...

Aunque sea una palabra que genere mucho rechazo, cuando hablo de «cambio» no me refiero a un cambio radical, sino a la esperanza de que eso que ahora nos genera tanto dolor y malestar quizá pueda ser distinto, de que podamos encontrar otras formas alternativas para seguir adelante sin tanto sufrimiento, tanto propio como ajeno...

En mi cabeza, habitaba desde hace años el mensaje de que había algo malo en mí, la creencia de que no era suficiente; igual que en tu caso, también calaron hondo en mí. Así pues, en momentos en los que todo en mi vida parecía estar bien, algo en mi interior me decía que no bastaba. Sentí esa creencia profundamente cuando me comparaba, cuando no podía con todo, cuando no sabía qué decir, cuando no cumplía con lo que yo misma me exigía.

Y siento decirte que a veces todavía escucho a esa voz. No es algo que se vaya y no vuelva nunca. Sin embargo, he aprendido a mirar esa parte de mí y a escucharla de otra forma. Durante mucho tiempo, pensé que, si trabajaba en mí, si aprendía lo suficiente, si sanaba lo suficiente, al final esa sensación desaparecería para siempre. Pero no ocurre así.

Lo que he intentado con mis palabras es, en muchos sentidos, replicar el proceso que vivimos cuando conocemos a la villana de una película. **Al principio, es difícil no juzgarla: es la mala malísima y la que lo fastidia todo.** Queremos que desaparezca, nos molesta, nos duele, queremos que se apague, que no exista más.

Pero luego, a medida que la historia se va desarrollando, comenzamos a entenderla. Vemos las razones que se esconden detrás de su dolor, sus miedos, sus decisiones. Y, aunque quizá no aprobamos del todo sus acciones porque no deja de ser una villana, empezamos a sentir algo que jamás imaginamos: cierta compasión. Como nos ocurre, por ejemplo, con el personaje de Maléfica, la villana de *La bella durmiente*, de Disney.

En su historia original, era solo una villana cruel. Sin embargo, al ver la película centrada en ella, comprendemos que detrás de sus malas acciones hay una herida profunda. Lo que en sus ojos parecía odio es, en realidad, el reflejo de un dolor antiguo: un amor perdido y una traición.

Y eso es exactamente
lo que pasa dentro de nosotras.

Las partes de nosotras que sentimos que no están bien, las que a veces rechazamos o queremos que desaparezcan, son como esas villanas: **una especie de guardianas incomprendidas de nuestro yo**. Al principio, las vemos solo como la parte que nos duele, la parte «mala», que nos pesa y que sentimos que debemos hacer desaparecer a toda costa. Pero, con el tiempo, cuando nos acercamos a ellas con una mirada más compasiva y empezamos a indagar y a entender de dónde vienen, podemos comprenderlas sin necesidad de justificarlas.

Para mí, escribir este libro también ha supuesto todo un proceso: he vuelto a navegar por mi mundo interno, a reconocer esas partes de mí que al principio pensé que debía esconder, ignorar o cambiar. Es como si, durante mucho tiempo, hubiera querido que esas «villanas internas» desaparecieran. En lugar de eso, me acerqué a ellas, las miré de cerca, escuché su historia, entendí por qué existían. Y, cuando eso ocurrió, pude empezar a sentir compasión por ellas.

Si has llegado hasta aquí, quizá tú también tengas esas partes. Tal vez haya una voz interna que te dice que no eres suficiente, que te juzga, que te culpa. Esas partes de nosotras que no entendemos del todo, que hemos aprendido a esconder y que creemos que no merecen ser vistas no definen quienes somos; son solo fragmentos de una historia mucho más grande. Y, al igual que en las mejores películas, donde entendemos a la villana y la compadecemos, podemos hacer lo mismo con nosotras mismas.

Esto es posible porque los fragmentos dolorosos que creemos que nos «estropean» son, en realidad, las partes que nos hacen humanas, las que necesitan ser sanadas, no rechazadas. Por eso, **con cada paso que das de manera consciente por entenderlas estás más cerca de sanar**.

Y, en el momento en que las entiendas,
ya no serán tan terribles ni temibles.

Al escribir estas líneas, no puedo evitar pensar que, como adulta, siempre he preferido disfrazarme de Cruella de Vil que de princesa Disney. ¿Acaso estaba intentando reconciliarme con mi mundo interno, aun sin ser consciente de ello? Quién sabe, lo importante es que hoy no pienso lo mismo; he conseguido por fin no silenciar esa voz que dice que hay algo malo en mí. He trabajado para que no lleve la voz cantante de la sinfonía que conforman todas mis partes y he logrado conectar con mi *self*, con mi esencia, para no dejar que esa voz, que a veces puede generar malestar, decida por mí.

Gracias al trabajo que he hecho a lo largo de los años, y que he buscado recoger de manera estructurada y resumida en estas páginas, hoy sé que, cuando esta voz aparece, puedo preguntarle de dónde viene, si trae algo viejo, algo heredado, algo aprendido. **Hoy sé que puedo quedarme conmigo misma con más compasión, darme la mano para acompañarme como merezco.** Que no tengo que convencerme de que soy perfecta, pero que sí puedo recordarme que soy valiosa, incluso cuando no lo siento del todo así.

Ese es, en definitiva, el mensaje que quiero que hagas tuyo tras cerrar este libro: que no hay una solución mágica ni una fórmula correcta, sino la posibilidad de cambiar ese discurso.

Dentro de ti hay heridas.

Hay historias.

Hay aprendizajes que se grabaron cuando eras pequeña.

Hay formas de sobrevivir que aprendiste demasiado pronto.

Hay patrones que repites sin darte cuenta.

Hay dolores que heredaste y ni siquiera sabías que llevabas contigo.

Pero también hay algo profundamente bello: la posibilidad de cambiar, de comprenderte con más compasión, de reparar lo que necesita cuidado, de soltar lo que ya no te pertenece, de volver a ti con menos juicio y más ternura. **Eso no significa que el camino vaya a ser fácil, pero no estás sola.**

Si este libro te ha acompañado, aunque sea un tramo pequeño

del camino, entonces ya tiene sentido. Si alguna frase ha resonado contigo, si te has sentido vista, entendida, abrazada, aunque sea por un momento, entonces todo esto ha valido la pena.

Porque, al final, no se trata de ser alguien distinta, de convertirte en alguien que no eres. **Se trata, en definitiva, de volver a ti**. A quien ya eras antes de que el mundo te dijera que no eras suficiente.

Y a esa tú quiero decirle una última cosa:

No hay nada malo en ti y nunca lo hubo. Solo hay partes que merecen ser abrazadas. Tú lo mereces. Con este libro, espero haber contribuido a ello.

Un abrazo a ti, con todas tus partes,
Marta

EJERCICIO

Antes de cerrar este libro, te invito a regalarte un minuto solo para ti.
Frota las manos como si trataras de calentarlas y, cuando notes el efecto de la fricción, llévalas al pecho para notar el calorcito. Escanea el siguiente QR y escucha con atención, con los ojos cerrados.

BIBLIOGRAFÍA

Ainsworth, M. D. S., *et al.*, *Patterns of Attachment: A Psychological Study of the Strange Situation*, Lawrence Erlbaum, 1978.

Ballesteros, Raquel, *¡Camarero, este café está frío!*, publicación independiente, 2021.

Bartlett, Jessica Dym, y Kate Steber, «How to Implement Trauma-Informed Care to Build Resilience to Childhood Trauma», *ChildTrends,* 2019, <https://www.childtrends.org/publications/how-to-implement-trauma-informed-care-to-build-resilience-to-childhood-trauma>.

Bateson, Gregory, *Steps to an Ecology of Mind: Collected Essays in Anthropology, Psychiatry, Evolution, and Epistemology*, University Of Chicago Press, 1972.

Berne, Eric, *Análisis transaccional en psicoterapia,* Psique, 1985.

—, *Más allá de juegos y guiones,* Jeder, 2014.

—, *Qué dice usted después de decir hola,* Grijalbo, 2014.

—, *Juegos en que participamos,* Gaia, 2022.

Bowlby, John, *El apego: El apego y la pérdida*, Paidós, 2023.

Bronfenbrenner, Urie, «Ecology of the family as a context for human development: Research perspectives», *Developmental*

Psychology, 22, 1986, pp. 723–742, <https://doi.org/10.1037/0012-1649.22.6.723>.

—, *La ecología del desarrollo humano: Experimentos en entornos naturales y diseñados,* Paidós, 1987.

Burke Harris, Nadine, *El pozo más profundo: Sanar los efectos a largo plazo de las experiencias infantiles adversas,* Eleftheria, 2021.

Carvalho, Esly Regina, *Sanando la pandilla que vive adentro: Cómo el EMDR puede sanar nuestros roles internos,* CreateSpace Independent Publishing Platform, 2012.

Dana, Deb, y Stephen W. Porges (colaborador), *La teoría polivagal en terapia: Cómo unirse al ritmo de la regulación,* Eleftheria, 2019

—, *Anclados: Cómo entablar amistad con tu sistema nervioso con la teoría polivagal,* Eleftheria, 2022.

Earley, Jay, *La terapia del self: Una guía paso a paso para crear plenitud y sanar tu niño interior utilizando IFS, una psicoterapia nueva e innovadora,* Eleftheria, 2016.

Espinosa del Olmo, María, «Qué hacer cuando el miedo y el malestar te impiden vivir», *CuídatePlus,* 1 de septiembre de 2021, <https://cuidateplus.marca.com/bienestar/2021/08/26/miedo-malestar-impiden-vivir-179034.html>.

Fisher, Janina, *Cómo sanar la fragmentación interna de los sobrevivientes de trauma,* Pléyades, 2020.

González, Anabel, *No soy yo: Entendiendo el trauma complejo, el apego y la disociación,* publicación independiente, 2017.

Hernández, Manuel, «Porges y la teoría polivagal. Implicaciones en el trauma», <https://psicologomanuelhernandez.es/porges-y-la-teoria-polivagal-implicaciones-en-el-trauma/>.

Main, Mary, y Judith Solomon, «Procedures for identifying infants as disorganized/disoriented during the Ainsworth Strange situation», en M. T. Greenberg, D. Cicchetti y E. M. Cummings (eds.), *Attachment in the Preschool Years: Theory, Research, and Intervention*, The University of Chicago Press, 1990, pp. 121-160.

McDonald, MaryCatherine, *El trauma no te destruye: Entender, definir y sanar la experiencia traumática desde una nueva comprensión no estigmatizante*, Sirio, 2024.

Miller, Alice, *El cuerpo nunca miente*, Tusquets, 2020.

Mischke-Reeds, Manuela, *Psicoterapia somática: 125 hojas de trabajo y ejercicios para tratar el trauma y el estrés,* Sirio, 2024.

Mora, Alba, *La docena sucia: Distorsiones cognitivas de la imagen corporal, AEPSIS*, 2023, <https://www.aepsis.com/la-docena-sucia-distorsiones-cognitivas-de-la-imagen-corporal/>.

Ogden, Pat, y Janina Fisher, *Psicoterapia sensoriomotriz: Intervenciones para el trauma y el apego,* Desclée de Brouwer, 2016.

PACEs Connection, «3 Realms of ACEs», 2024, <https://www.pacesconnection.com/pages/3RealmsACEs>.

Powell, Bert, *et al.*, *La intervención del círculo de seguridad*, Eleftheria, 2020.

PSISE (Servicio de Psicología Clínica del Desarrollo), Unidad de Observación y Diagnóstico Funcional, «La teoría del apego: Aportaciones de Bowlby, Ainsworth & Main», <https://psisemadrid.org/teoria-del-apego/>.

Salvador, Mario C., y Peter Bourquin, *¿Quién soy? De la disociación a la integración,* Desclée de Brouwer, 2022.

SAMHSA, *Trauma-Informed Care in Behavioral Health Services: Treatment Improvement Protocol (TIP) Series 57*, HHS Publication n.° (SMA) 13-4801), 2014.

Schwartz, Richard C., *No hay partes malas: Sanar el trauma y reco-*

brar la plenitud con el modelo sistemas de familia interna, Alianza, 2021.

—, y Martha Sweezy, *Terapia sistemas de familia interna (IFS), Eleftheria*, 2021.

Segrelles, Marta, *Abraza a la niña que fuiste: Sana las heridas del pasado y reconecta con tu interior,* Bruguera, 2023.

—, *Querida mamá: Me dueles,* Bruguera, 2024.

—, *El diario de la niña que fuiste: Un cuaderno para sanar y reconectar contigo,* Bruguera, 2025.

Shazer, Steve de, *Pautas de terapia familiar breve: Un enfoque ecosistémico,* Paidós, 1989.

Siegel, Daniel, *La mente en desarrollo: Cómo interactúan las relaciones y el cerebro para modelar nuestro ser,* Desclée de Brouwer, 2007.

Sweeton, Jennifer, *Tratar el trauma: 165 técnicas y consejos para avanzar en la recuperación,* Sirio, 2022.

Torre, Pilar de la (formadora), Nivel I: IFS (curso), Instituto IFS Madrid, 2024.

West, Colleen, y Steven Gong, *Todos tenemos partes: Una guía ilustrada para sanar el trauma con los sistemas de la familia interna,* publicación independiente, 2022.

AGRADECIMIENTOS

Escribir no es una tarea fácil, supone simultáneamente un ejercicio de introspección y apertura muy grande. Yo, que tengo partes exigentes y cuidadoras al mando, quiero que las personas que ya me han leído encuentren algo nuevo esta vez, y que las lectoras que no me conocían puedan seguir mi escritura con facilidad y sintiéndome a su lado. No quiero dejarme por el camino esa historia que te hubiera hecho sentir que este libro es para ti, y que, por lo tanto, pienses que eres un caso perdido y que eres la excepción del mensaje de *No hay nada malo en ti.* Porque ojalá llegase a todo el mundo este mensaje y tuviéramos todos la posibilidad de cuestionar esa verdad absoluta de que hay algo malo, defectuoso o roto en nosotras... Pero como ejercicio propio, asumo que eso es un deseo y quizá no una tarea completada, pues no voy a poder acoger todas las historias que existen.

Reconozco que ya no conecto tanto con la creencia de que hay algo malo en mí, pero sí que algunos de estos capítulos los he escrito sintiéndome triste, lo cual quizá, como a los artistas y sus canciones, me haya ayudado a poder poner en palabras la complejidad de nuestro mundo interno.

A ti, por volver a confiar en mí si ya me has leído: gracias. Si no conocías mis libros: espero y deseo que este camino juntas continúe.

A las personas que han hecho, hacen (y espero que harán) terapia conmigo, por dejarme ser testigo de vuestro mundo interno: todas vuestras partes tienen mi amor y reconocimiento, gracias por la confianza.

A todas las compañeras psicólogas que me leerán, recomendarán en terapia y coincidiremos en formaciones y supervisiones para cuidar de nuestro mundo interno mientras acompañamos el de otros: gracias por dejarme ser testigo de vuestro compromiso.

Durante la escritura me meto de una manera muy profunda, así que trato de volver a la superficie con sensaciones ligeras, así que agradezco a las escritoras de novela romántica como Chloe Walsh, Alina Not, Hannah Grace, Joana Marcús o Violeta Reed por llevarme a otros mundos.

A mi psicóloga, por consolidar todavía más en mí la idea que he intentado transmitirte en este libro: gracias siempre, J.

A Núria, por ser luz en el camino del emprendimiento y sentir una mano derecha en quien poder delegar y confiar para poder tener tiempo para seguir trabajando de otras muchas formas.

A mi amiga Laia, con quien comparto estas historias y mi vida: es una suerte tener amigas que conocen tu mundo interno y lo tratan sin juicio y compasión.

A mis amigas Marta y Carol, que me llevan de paseo y a desayunar para inspirarme los días que tengo la tarde libre para escribir.

A mi amiga Cintia, que alivia las cargas cotidianas y a veces competimos para saber cuál de las dos ha tenido peor día para acabar concluyendo en que el plan es quedar para merendar juntas.

A mi marido, con el que cada día es mejor que el anterior, siempre está ahí y me recuerda que me quiere por quien soy, no por lo que hago, y que si este libro no se vende y no es un éxito, no hay nada malo en mí.

A mis padres, para que sepan que, a pesar de las heridas, también me han dado amor de muchas formas; y a las personas de mi familia que ya no están, como mi abuela Mary y mi perro Dan, quizá no os piense cada día, pero cada día os echo de menos.